학교폭력 싹둑

지은이	이 은 영
초판	2023년 5월 30일

펴낸이	배용하
책임편집	배용하
교열교정	최지우
등록	제364-2008-000013호
펴낸곳	도서출판 비공
	www.daejanggan.org
등록한곳	충남 논산시 매죽헌로 1176번길 8-54
대표전화	전화 041-742-1424 전송 0303-0959-1424
분류	교육	갈등해결	학교폭력
ISBN	979-11-976109-9-8 03370

값 17,000원

발간사

박용주 | 공주정명학교 교장 | 시인

최근, 과거 법정 싸움까지 갔던 어느 학교 폭력 사건이 적잖은 화두가 되었었다. 여기에다, 학교 폭력 피해로 '영혼까지 부서진' 한 여성이 생을 걸고 준비하는 복수극을 다룬 드라마「더 글로리」는 장작불에 기름을 붓는 듯했다.

학교 폭력! 화두가 된 지 오래 되었으나 아직도 선명한 해결책이 보이지 않는다. 마치 10년이 넘도록 "큰일 났다"고 호들갑들 떨지만 통 큰 대책을 내놓지 못하는 '저출생' 문제처럼…

눈만 뜨고 나면 법이 생긴다. 눈만 뜨면 경찰, 검사, 변호사, 법관이 태어난다. 사회악을 일소할 어른들과 또 그와 맞장뜰 아이들이 폭증한다. 걱정 마시라! 그들과 결투를 대신해줄 'AI 용병'들이 일어설 것이니….

정말 학교 폭력은 해결할 수 있을까? 안타깝지만 회의적이다. 나는 오랜 시간 학교에서 가르치고, 교육청에서 일했다. 무거운 책임을 느낀다. 지금은 이렇게 외치고 싶다. "학교 폭력은 결코 아이들의 문제가 아닙니다. '다름'을 용인하지 못하는 어른들의 문제입니다." 그렇다. 자본주의 역사의 깊은 상처, 그것은 바로 '차별'이다. 돈 있는 자와 돈

없는 이, 힘 있는 이와 힘없는 이, '순 한국인'과 다문화 가족, 남자와 여자, 아이와 어른, 장애인과 비 장애인······ 나아가 인간과 동식물까지.

"하늘 아래 사람은 모두 평등하다." 어려운 말이 아니다. 만일 이 말에 동의한다면 답해야 한다. "누구든 존중해야 한다." 또한 말해야 한다. "서둘러 아이들에게 존중을 가르쳐야 한다. 그 무엇보다 앞서서."

우리 말에 "경우가 있어야지"라는 말이 있다. 상식에 맞는 말과 행동을 강조하는 말이다. 법은 중요하다. 법치국가의 생명이다. 하지만 미성숙한 아이들을 향한 '법의 칼날'은 최후의 보루이다. 민주주의의 기본은 대화와 타협이다. 유치원부터 이것을 가르쳐야 한다. 친구에게 상처를 입혔다면 반드시 사과하고 행동 수정을 하도록, 괴롭힘을 겪은 친구는 사과를 받아들이고 우정을 회복하도록 가르치고 또 가르쳐야 한다. 먼저 어른들이, 부모가 모범을 보여야 한다.

이 책의 저자 이은영은 학교 폭력을 깊이 들여다본 사람이다. 아이들의 평화를 만드는 철학과 실행 방안을 야무지게 제시한다. 탄탄한 내용을 담고 있다. 평화로운 학교, 평화로운 사회를 원한다면 이 책을 꼼꼼히 보시기를 권한다. 부디, 서로 사랑하고 연민하는 아이들의, 어른들의 공동체를 일구어가기를 소망한다.

내가 만일
애타는 한 가슴을 달랠 수 있다면
내 삶은 정녕 헛되지 않으리
내가 만일
한 생명의 고통을 덜어 주거나
한 괴로움을 달래거나
할딱거리는 로빈새 한 마리를 도와서
보금자리로 돌아가게 해줄 수 있다면
내 삶은 정녕 헛되지 않으리

- 에밀리 디킨슨, 내가 만일 애타는 한 가슴을 -

추천의 글

박성용 | 비폭력평화물결 공동대표.

『회복적서클플러스』, 『회복적서클가이드북』, 『평화의 바람이 분다』 저자

나와야 할만한 시기에 학교폭력에 대한 평화교육 실천가의 신뢰
할만한 책이 나오게 되어 격려와 감사를 보낸다. 나와야 할만한 시기
라 함은 첫째로는, 코로나 시대로 3년이 지나 거리두기가 해제되고 일
상생활로 돌아가면서, 학교현장으로부터 내가 소속한 단체나 주변 단
체에 힘든 학생과 위기학급에 대한 평화감수성교육 문의 요청이 감당
할 수 없을 정도로 쏟아지기 시작했기 때문이다. 긴 기간 관계의 단절
로 오는 증상들이 결국 드러난 것이다. 위기 증상은 중학교보다는 오
히려 초등학교가 심하고, 특히 저학년의 경우에는 학부모들과 연관되
어 있어서 담임교사의 좌절과 학교관리자의 당혹감은 개인의 이슈를
넘어 교육공동체 전체와 시스템 이슈로도 다가올 정도다.

다음으로는 저자가 10년이 넘는 현장의 다양하고도 충분한 경험
을 다른 교육실천가들과 나눌만한 때가 되었다는 뜻이다. 이 책은 숙
달된 경험과 공유할만한 가치를 충분히 담아 저자의 경력에 적절한
시기에, 그간의 교육 경험을 설득력 있게, 신뢰할만한 내용을 담아 보

여주고 있음을 증명한다. 일반 학교폭력예방 서적과 다른 것은 저자가 이미 오랫동안 국제적인 퀘이커 평화교육 모델인 '청소년평화지킴이'(HIPP; Help Increase Peace Program)이나 서클 타임 등의 경험적 학습법에 충실한 평화교육 모델, 비폭력대화(NVC: Non-violent Communication) 모델, 갈등전환에 있어 강력한 국제 모델인 회복적 서클(RC; Restorative Circles)에 익숙한 경험을 가졌고, 그래서 새로운 시야와 현장의 갈등을 다룬 수완이 깊이 녹아있다는 점이다. 가장 환상적인 모델들의 현장적용 경험의 결과가 내용의 질과 새로운 패러다임의 시야 그리고 구체적인 응용력을 자연스럽게 보여주고 있다.

서클대화의 중요성에 대한 홍보와 훈련 및 회복적서클 훈련가로서, 내가 훈련 워크숍이나 교육과정에서 나누는 말이 있다. 갈등작업에 있어 개인의 능력보다 대화의 이치, 갈등이 일어나거나 그것이 사라지는 작동원리와 이치에 충실할 때 결과도 만족스럽고 자연스럽게 흐름을 탄다는 것이다. 알버트 아인슈타인의 말을 빌리면 '제정신이 아님'이란 유사한 일을 계속해서 반복하면서도 다른 결과를 기대하는 것이라고도 표현될 수 있다. 즉 갈등작업에서 같은 패러다임 안에서 작동이 안 되는 것은 다른 패러다임 안에서라야 해결 가능하다는 뜻이기도 하다. 기존의 인식 체계나 인과응보 패러다임 안에서 어떻게든 혼란, 갈등, 폭력을 제거하거나 줄이려는 노력은 저자 말대로 사회적 고비용과 비효율적인 노력과 수고를 쏟아붓는 결과를 가져오고 있다.

저자가 여러 곳에서 강조하였듯이, 우리가 학교폭력예방 조치와 실제 갈등이나 폭력 다루기에서 진행자의 능력에 기반한 태도와 자세, 사례 다루기의 구체적인 지식적용을 넘어 혼란, 갈등, 폭력이 어떻게 일어나고 있는지와 어떤 이치를 놓치고 있는지를 알 때 우리는 두려움 없이, 자연스럽게, 애써 커다란 노력을 들이지 않아도 저절로 변화를 가져오게 된다. 저자가 이 책에서 표현하고자 하는 마음도 갈등 다루기에 있어 그러한 이치에 관심을 두고 있다는 점에서 추천자로서 기쁘고, 초등학교 교사들께 많이 도움이 될 것이라는 기대가 있다.

불행하게도, 현재의 엄격한 갈등 당사자 분리라는 이상한 제도기반과 문화적 관행이 만들어지고 학교폭력예방법이 강화된 것은 2011

년 12월 대구학생자살사건의 폭력적인 내용에 대한 전 국민의 공분과 새로운 대책에 대한 수개월 간의 언론 집중포화에 기인한다. 즉, 교육자들이 이 사건을 제대로 성찰하기 전에 사법부가 관여하면서 학교폭력전담경찰제도가 빠르게 들어서고, 일반 사법 시스템을 응용한 재판과 심의의 과정이 들어오면서부터이다. 학교폭력을 잘못 다루면 일이 커지고 문책받는다는 두려움 때문에 융통성 있던 관습은 사라지고, 법과 절차가 우선되는 상황이 지금까지 내려오고 있다.

이러한 관행이 얼마나 부적절한지에 대한 한 가지 반증은 저자가 인용한 아이들의 대화에서 나온다. 그것은 관계에서 다툼이나 갈등이 있을 때, "잘못했는데 왜 벌을 받지?"라는 질문이다. 어른의 마음에는 잘못과 체벌이 당연하지만, 아이들의 마음에는 '미안하다' 사과하고 다시 잘 놀면 되는데, 저 애와의 관계에 아무런 긍정적인 조처를 못 해 주면서 처벌을 받는지 이해가 안 가는 것이다. 이 이야기가 아직도 이해가 가지 않은 분들께 말씀드리고 싶은 것이 있다. 코로나 이후, 특히 초등학교 저학년인 1, 2학년에 학교폭력 신고 건이 매우 많이 증가했고, 이로 인한 고통이 아이들, 학부모, 담임교사, 학폭 담당 교사와 관리인들에게 번져가고 있다는 점이다. 아이들이 배운 것은 자극상황 대부분을 학교폭력으로 간주하여 어린 나이에도 '신고하기' 문화로 떼어놓기, 낙인효과, 무력화가 이어지고 있다는 사실이다. 학폭법의 무거움이 모두를 힘들게 하고 있고, 특히 초등학교 저학년에서 제도에 의한 희생자가 많이 나오고 있다는 것은 매우 비극적인 일이다.

그러나, 저자도 슬퍼하지만은 않는다. 경험 사례를 통해 대안이 무엇인지를 긍정적으로 시도하면서, 어떻게 학급을 평화롭고 안전하게 운영하며, 존중과 돌봄으로 초등 어린이들 간에 교사와 학생들 간에 혼란, 갈등, 폭력을 배움과 성장으로 변화시킬 수 있는지를 눈높이를 낮추어 제시한다.

평화교육과 갈등전환 영역에서 저자와 20년 가까이 우정을 나누고 있는 사람으로서 이 책을 추천하는 것은 그 내용이 실용적이면서, 체계적인 이해와 그 적용의 실효성을 지니고 있다는 점 때문이다. 그 이유는 다음과 같다.

첫째, 저자는 존중, 공감, 경청, 서클 프로세스(혹은 대화 프로세스), 협력적 문제해결이라는 새로운 패러다임에 익숙한 평화교육 활동가라는 점이다. 그는 경험적 학습법을 특징으로 하는 국제 모델인 '청소년평화지킴이', '비폭력 대화', '회복적 서클' 훈련을 받고 활동을 해온 배경이 있다. 이 요소들은 그동안 학교현장에서 무시되어 왔으나, 이것이야말로 평화롭고 안전한 학급운영에 필수여야 함을 새삼 깨닫게 된다.

둘째, 책 내용이 5부로 짜여 있어서, 학교폭력의 진실에 대한 시각, 갈등을 다루기 전 사회가 지닌 문화와 신념 체계의 이해, 갈등적용에서의 오해와 진실, 갈등 속에서 어린이 마음 상태, 실제 적용할 수 있는 관계회복 대화모임의 진행과 예방 시스템 구축이라는 중요한 통합적 시각을 제공한다는 점이다. 이는 이론을 넘어서 실용적이면서 실천적인 특성을 가지며, 전체 안에서 개인적인 접근과 시스템으로 접근해야 할 것을 볼 수 있는 역량을 키워준다.

셋째, 갈등 개별 사례가 다양하고 상황에 따라 다르게 전개되지만, 이치와 작동 요소에 대한 일관성을 놓치지 않고 있다. 특히 안전한 공간 형성, 경청, 공정한 과정으로서 대화모임 진행, 자발적 선택에 따른 동의와 의사결정이 생태계의 혼란에서 '프랙탈'처럼 반복되어 패턴이 되면, 선한 질서와 긍정적인 분위기로 전환될 것임을 설득력 있게 알려주고 있다. 민주시민 교육이나 자치역량 교육이 단순히 주장이나 가르침이 아니라 이렇게 모델로 직접 시연하며 비언어적 소통과 학습 방식으로 배울 수 있다는 것은 중요한 학습 방법이기도 하다.

넷째, 이 책은 단순히 혼란, 갈등, 폭력에 대한 '응급처지용' 대응 방법에 대한 것이 아니다. 갈등에 관여하는 개입자가 놓치지 말아야 하는 중요한 두 요소에 대한 장기적인 민감성을 제공함으로써 진행자의 신실성과 내면의 중심을 세운다. 두 요소는 갈등에 대한 커뮤니케이션, 즉 협력적 대화진행의 원칙과 힘·권력(Power-over)의 행사에 대한 민감성이다. 특히 강제적인 힘의 행사에 대한 '경계선 침범'은 중요한 이론이고, 이 책의 또 하나의 특출한 요소이다. 대화 개입자로서 중재자들이 쉽게 간과하는 요소가 이 힘의 균등성과 나눔에 있기 때문이다. 이는 서클대화가 갖는 특이한 장점이며, 근원적 민주역량의 모델로서 중요한 감각이기도 하다.

다섯째, 몇 가지 학교폭력에 대한 구체적인 전략에서 기억하고 숙고해야 할 내용들의 기여가 많다. 예를 들면, 관계형 폭력 대 권력형 폭력의 구별, 학교폭력의 씨앗이 심어지는 3단계의 점차적인 발전과정(사소한 오해와 장난에 의한 다툼, 묻어두고 회피하기, 그물망으로부터 관계 보기), 학폭심의와 개인상담의 무력성의 이유, 앞서 말한 파워게임과 억압적 훈육의 악순환은 깊이 새겨볼 내용이다.

마지막으로, 경청과 대화에 있어 사건에 관한 내용과 느낌만 아니라, 마음을 읽어주고 연결해 주는 것에 대한 기본 통찰이다. 이는 갈등상황에서 가장 연약하고 효과 없다고 생각하는 일반적인 인식으로 진단해서 해결하는 방식을 취하는 지금의 문화에는 큰 경종이다. 비폭력 대화에는 마음을 읽어줄 때 관계에서 어떤 욕구를 읽어야 하는지 수많은 욕구 리스트가 있지만, 학교에서 특히 중요한 것은 4가지이다. 저자의 책에서 가장 많이 강조되는 것은 소속감과 재미이며, 나머지 두 가지는 군데군데에 있는 자율(자유)과 힘(자기긍정과 자기표현)인데, 여러 곳에서 이에 대한 주목하기가 제시되고 있다. 이 4가지의 욕구를 충족하고자 잘못 선택한 언어, 태도, 행동으로 인해 우리가 만족스럽지 않은 결과나 비극을 겪게 되므로, 이 4가지 욕구와 그 변형들에 초점을 맞춘 경청은 대단히 효율적일 것이다. 잘못되거나 비극적인 표현에도 불구하고 행동과 존재를 구분하여 존재가 지닌 욕구의 아름다움과 그 순수한 에너지를 놓치지 않는 것은 교사가 스트레스를 받거나 절망하지 않고 갈등상황에서도 중심을 잡을 수 있는 중요한 나침반이 된다.

이 글을 마무리하며, 내가 저자의 책에서 공감하는 한 가지는 바로 이것이다. 사법 전문가나 어른의 판단하는 마음이 아니라, 다시 어린이의 마음으로 연결하여 학교폭력을 이해하기 시작하면 복잡하게 보였던 것들도 단순해지고 명확히 보이게 될 것이라는 믿음이다. 이 책이 초등교사들께 위로와 지혜가 될 것이라는 충분한 기대가 있다. 이 책에 인연이 있는 분들 모두에게 희망이 넘치시기를 기원한다.

김석봉 | 사회적협동조합 회복적정의시민사회네트워크 이사장

책을 읽는 동안 놀라움이 점점 커졌다. '언제 이렇게 잘 정리해서 책을 엮었을까?' 하는 놀라움에 그저 절로 고개가 끄덕여질 뿐이다. 현장에서 다양한 평화 활동으로 바쁜 일정을 보내는 와중에, 생계도 스스로 책임져야 하는 상황에서 이렇게 책을 쓸 수 있다니, '대단한 열정이다.'라고 탄복할 수밖에 없었다. 학교폭력 문제에 대한 전문가로서 전문적인 지식을 정리하여 정보를 전달하려는 목적이 아닌, 오직 학교와 지역사회에서 만나는 학생들의 평화와 안전한 일상에 대한 진심 어린 관심으로 무엇을 할 수 있을까에 대해 스스로 묻고 답을 찾아가는 과정임이 분명하다.

어느 시인이 노래한 것처럼, 자세히 보아야 예쁘고 오래 보아야 사랑스럽다는 그런 마음으로, 한 사람 한 사람에 대한 진심 어린 관심으로, 학교폭력의 싹을 자르기 위해서 갈등과 폭력을 마주한 아이들의 마음 상태에 대한 이해가 필요하다고 말한다. 아이들의 눈높이에서 상황을 이해한다면 폭력과 갈등 상황에서도 아이들을 성장으로 연결해 줄 수 있다며, 무엇보다도 누구에게 '이렇게 해라'하고 강하게 밀어붙이지 않고, 내가 왜 학교폭력의 현장에 기꺼이 자발적으로 들어가는가에 대해 이야기하고 있다. 읽다 보면 아이들의 세상이 학부모와 교사, 그리고 동네 어른인 우리들의 시야에 들어온다. 그러면 갈등을 새롭게 보게 되고, 깊이 있게 듣게 되고, 안전한 예방시스템이 왜 중요한지 알게 된다.

　　눈에 보이지 않는 구조적 폭력이 만연한 조직문화에서 즐거움과 웃음으로 변화를 주기 위해 평화 놀이를 전하며, 회복적 서클 프로세스를 통한 회복적경찰활동 대화모임 진행자로 걸어온 그의 길이 평화를 향한 길임을 분명하게 안다. 일상의 문화 속에 뿌리내린 폭력을 깊이 탐구하는 평화 활동가로서 이 책에서 그냥 쉽게 넘어갔던 경계를 새롭게 인식하게 되면, 눈에 보이지 않았던 관계의 경계선에서 존중 어린 대화가 시도될 수 있다고 안내한다. 여기에서 아이들은 존중의 문화를 경험하게 되고, 친구들 사이에서도 서로의 경계를 존중하며, 대화로 안전한 공간을 스스로 창조하게 될 것이기에, 어른들의 선한 의도와 개입이 실수가 되어 아이들에게 짐을 지우지 않기 위한 길들을 함께 찾아가려고 한다고 밝히며, 우리를 그 길에 자연스레 초대하고 있다.

박숙영 |『회복적 생활교육을 만나다』저자

배롱나무에서 백일홍이 피듯, 평화 나무에서 평화의 열매와 꽃이 핀다. 폭력의 열매가 난무하여 없애고 싶다면, 그 열매를 따서 버리는 수고와 더불어 나무와 뿌리도 함께 살펴봐야 한다. 학교폭력문제를 해결하기 위해 오랜 동안 정부차원의 노력이 있어왔음에도 좀처럼 문제가 해소되지 않는다. 이쯤 되면, 학교폭력을 배양하고 있는 땅과 뿌리를 살펴봐야 하는데, 정부와 사회는 여전히 보여주기식 처벌강화만 반복하면서 오히려 폭력의 순환 고리 역할을 하고 있다.

이 책의 저자, 이은영은 폭력을 나무에 비유하고, 폭력이 커다란 피해목으로 자라기 전에 폭력의 싹을 뽑아내고, 그 자리에 평화의 씨앗을 심어야 한다고 강조한다. 이미 다 자란 폭력나무로 인해 커져버린 피해와 씨름하느라 소비되는 시간과 사회적 비용을 고려해 볼 때도, 폭력의 씨앗들을 제거하는 것에 집중하는 것이 훨씬 쉽고 가볍기 때문이다.

이은영이 말하는 거시적 차원의 사회문화적인 폭력 씨앗들은, '파워게임', '생존전략을 위한 구별 짓기와 편 가르기', '패패의 습관', '낯선 대화'이다. 사회문화적 폭력의 씨앗들은 비가시적이어서 잘 포착되지 않아 놓치기 쉬운데, 이은영은 차별과 소외를 불러오는 언어, 문화, 사회구조, 사회적 인식들에 우리가 주목할 수 있게 한다. 폭력의 깊은 뿌리에는 '모두가 함께 살 수 있음에도 불구하고 적이나 절대 악, 타자가 있지 않다면 권력의 선착순에서 밀릴 거라는 존재적 불안'인 오해된 생존본능과 연결되어 있음을 예리하게 지적하고 있다. 이러한 생존본능 때문에 힘의 논리로 세상을 바라보고, 생존전략으로 구별 짓기와 편 가르기를 선택하며, 경쟁적인 패패습관이 고착되고 있음을 알려준다.

일상에서 자동반응적인 미시적 폭력의 씨앗들로, '잘잘못에 집중하기', '가르치기', '폭력의 모델링', '방관 속의 따돌림', '아이들을 침묵하게하는 반응들', '내 아이 입장에서만 보기', '사과하지 않는 어른', '약육강식의 구조', '벌주기', '재판장되기', '강요된 사과', '괴물가면 씌우기', '행동과 존재의 자리바꿈'을 제시한다.

학교폭력의 근본적인 원인을 거시적 차원에서 찾다보면, 폭력문제 해결이 아득하게만 느껴지는데, 이은영은 거시적 분석에 그치지 않고, 일상 속의 자동반응 습관을 드러내어 해결의 실마리가 일상의 작은 실천에 있음을 희망적으로 전해주고 있다.

범죄 이미지로 과장된 학교폭력문제를 관계형 폭력과 권력형 폭력으로 구분하여, 자칫 학교폭력이라는 선정성에 압도되어 범죄화 될뻔 한 '아이들의 성장과정에서 겪는 자연스러운 관계 어려움'을 폭력프레임에서 건져낸 것도 이은영의 탁월함이다.

비폭력평화 활동가로 살아 온 그녀답게, 그녀가 제시하는 학교폭력의 해법은 '빛 비추기'다. 피·가해라는 이분법 프레임에 갇혀 위축된 아이들의 영혼을, '행위가 아닌 존재보기'로 시선을 맞추게 한다. 기본

값이 '분리'에 맞춰져 있는 학교폭력대응책에 대해서는 낯선 것에 대한 환대와 연대로 가는 대화와 서클로 재구축하는 길을 보여준다.

학교폭력 조치의 행정 처리로 뒷 순위로 밀려난 아이들의 마음을 다시 담아내고, 모두를 무기력하게 만드는 법률만능주의에서 빠져나와 당사자에게 자기주도성을 되돌려주고, 서열에 의해 작동되는 인간관계에 이해와 존중의 원리로 지렛대를 놓아, 폭력의 악순환에 제동을 걸고 평화적인 전환을 꾀게 한다.

갈등을 대면하고 해결하는 방법이 처벌 외에 '대화, 타협, 중재, 개입' 등 다양한 선택지가 있음을 생생한 실천과 경험을 통해 우리에게 전해주면서 '비폭력평화'가 이상이 아니라 현실적 대안임을 알려준다.

아이들의 잘못된 행동을 논리적으로 따져 물어서 변화를 가져올 수 있다면 얼마나 단순하고 편할까. 하지만 현실의 삶은 그렇게 호락호락하지 않다. 아이들의 성장을 견인시키기 위해서 좋은 어른의 역할은 다만 더 큰 사랑의 힘에 기대는 것뿐임을 우리에게 부드럽게 조언해주고 있다.

한국사회가 학교폭력이라는 늪에 빠져 강한 처벌과 분리가 답이라는 목소리로 길을 잃고 있을 때, '아이들은 즐겁고 싶고 놀고 싶은 거'라는 영혼의 목소리를 들려주며 비폭력적 평화의 프레임 전환을 도와주는 이은영이 고맙고 또 고맙다.

학교폭력의 싹을 자르고 싶은
어른들의 마음 지도

학교폭력 싹둑

차 / 례

부록

내가 사랑하는 순간

내가 사랑하는 순간이 있다. 아이들과 학교가 떠나가라 웃고 떠들 때, 같이 손잡고 운동장으로 향하다가 어느 순간 손을 놓고 슬금슬금 내달리는 아이들의 뒷모습을 볼 때, 짓궂은 표정으로 장난을 걸 때, 바닥에 주저앉아 세상 떠나가라 울고 있는 아이들의 모습을 볼 때가 그렇다. 그중에 가장 사랑하는 순간은 아이들에게 손을 흔들어 인사하면 아이들도 활짝 웃으며 손을 높이 들어 인사해 주는 순간이다. 서로 고개 숙여 예의를 차리지 않아도 반가운 마음이 온몸으로 전달된다. 반가이 손 흔드는 아이들을 떠올리는 것만으로도 마음에서 몸으로 간지러운 기운이 번져나간다. 만나면 거짓말처럼 긴장이 누그러지고, 이내 깔깔거리며 스스럼없이 서로의 이야기를 꺼내놓는다. 그냥 들어주는 것만으로도 속 이야기를 마구 쏟아낸다. 그리고 어느새 가벼워진 마음을 가지고 나풀거리며 일상으로 돌아간다. 그렇게 아이들은 있는 모습 그대로 사랑스럽다. 가을볕 잠자리처럼 무질서하게 뛰어다니며 열린 공간을 누비는 아이들은 내가 사랑하는 순간들을 매 순간 선물한다.

이런 친구들이 성장하면서 가장 힘들어하는 문제는 수학이나 영어문제가 아니라 친구의 관계에서 발생한다. 친구와의 관계에 따라 학교생활이 지옥으로 떨어지기도 하고, 천국처럼 행복해지기도 한다. 그래서 무엇보다도 평화교육에서는 아이들이 건강하게 성장하기 위해 관계를 잘 맺는 법을 배울 수 있도록 안내한다. 그러나 안타깝게도 '상호관계성'은 개별화된 개인을 교육하는 관점이 주류인 기존 교육체계에서는 중요도에서 밀려나 있다. 그나마 중요성을 알고 있다 하더라도 관계의 문제는 눈에 보이거나 수학 문제처럼 정답이 정해져 있지 않기 때문에 자칫 소홀해지기 쉽다. 관계라는 문제는 사람이 바뀌면 매번 다른 풀이 과정과 답을 갖는다. 결국, 개인은 관계의 총합이기 때문이다. 그래서 아이들이 겪는 문제를 잘 이해하려다 보면 개인의 기질과 성향, 가정환경, 친구 관계, 학교문화, 한국사회의 사고구조 등 다양한 요소를 조합해서 봐야 한다. 구조와 환경의 문제를 아이 개인의 성향으로 해석하거나, 개인의 문제를 엉뚱하게 다 같이 풀어보려고 했을 때 본질은 지워지고 논리의 틈이 벌어진다. 그 틈을 비집고 오해가 들어온다. 아이들이나 어른들 모두 각자 뜨거운 진심이 있지만, 서로의 진심을 교환하는 방법을 몰라 상처받고 괴로워한다. 그럴 때면 내게 사랑하는 순간들을 선물하는 아이들을 위해 오해의 강 위로 이해의 다리를 놓고 싶은 마음이 간절하다.

그동안 학교폭력을 다루는 방식을 들여다보며 학교폭력이 처리되는 기존 과정의 한계 역시 체감하게 되었다. 갈등을 해소하기 위해 '신고'라는 절차를 거치더라도 승패를 가려내는 프레임 속에서 피해는 좀처럼 회복될 수 없었다. 아이들은 여전히 고통스러워했고, 그 고통이 처벌로는 좀처럼 사라지지 않았다. 어떻게 하면 사건의 당사자인 아이들의 목소리가 충분히 들리게 할 수 있을까? 피해를 회복하는 데 충분히 집중하는 방법은 무엇일까? 어떻게 해야 가해 아이는 진심으로 잘못을 인정하고 자발적인 책임을 질 수 있을까? 학교폭력의 당사자뿐 아니라 그들이 속한 공동체는 어떻게 화해할 수 있을까? 어떻게 하면, 경쟁과 처벌이 아닌 환대와 우정의 공동체를 만들 수 있을까? 질문이 지나간 자리에 씨앗을 심는 수많은 동료와 꽃이 피기를 기다리는 아이들이 있다. 우리는 조금 더 어른다운 어른으로서 아이들과 만날 수 있기를 바란다. 더 오랜 삶을 살아온 만큼 많은 길에 대한 경험치를 가지고 아이들이 스스로 길을 찾도록 인내심 있게 보여주되 뽐내지 않고 지그시 곁에 서주었으면 좋겠다. 어둠 속에 혼자 서있지 않다고, 울림 있는 기척을 들려주면 좋겠다. 상상만으로도, 가슴이 따스해진다. 싸울 때만 나이를 들먹일 건 아니다. 이런 일이야말로 나이를 내세우며 괜히 나이만 먹은 게 아니란 걸 아이들에게 보여주어야 한다.

1부에서는 학교폭력을 둘러싼 환경적 요소를 둘러보려 한다. 학교폭력과 갈등의 관계와 다양한 갈등의 유형에 따른 일관된 학교폭력 적용의 한계, 학교폭력예방법과 갈등대응 시스템의 한계 등을 다룰 것이다. 2부에서는 폭력을 부추기는 사회의 문화와 신념에 대해 보려 한다. 인간의 본성이라고 믿게 된 파워게임의 본질과 편 가르기의 생존전략, 패패의 습관까지 그 원리를 간단하게 살펴보려 한다. 3부에서는 학교폭력의 씨앗이 심어지는 과정에서 어른들이 실수가 개입하는 순간들을 찾아보았다. 갈등을 잘 연결하려는 선한 의도와는 달리 아이들이 방어 자세를 취하도록 만드는 개입방식과 오해를 강화하는 생각의 구조가 실려 있다. 4부에서는 이런 갈등상황 속 아이들의 마음 상태에 관한 이야기가 실려 있다. 실제 아이들이 고슴도치처럼 날카롭게 세운 가시 뒤에 어떤 진심이 있는지, 그리고 그런 진심을 드러내기 힘들어하는 이유는 무엇인지 알아본다. 그리고 마지막 5부에서는 아이들의 회복 탄력성을 믿고 대화의 길을 걷는 법을 소개했다. 갈등을 새로운 눈으로 보면서 깊이 듣기를 통한 갈등 당사자들의 진심연결을 어떻게 도우면 좋은지 회복적 서클 모델에 기반한 관계회복 대화모임을 실제 대화처럼 구성했다.

덧붙여 이 책의 내용이 가장 적확하게 적용될 수 있는 대상은 초등학교 아이들이다. 사례의 대부분 역시 초등학생들의 이야기이다. 성장 발달단계 중에서 어른들의 개입이 가장 효과적으로 작동되는 시기이기 때문이다. 중학생 아이들이 겪는 갈등의 경우 작동원리는 같지만, 조금 더 세밀하고 비언어적인 갈등개입요소들이 있기에 일일이 말로 옮기기 어려운 것이 사실이다. 이에 초등학생들을 주로 떠올리며 책을 썼다는 점을 유념해주길 바란다.

많은 각색을 거쳤지만, 여기 소개한 이야기들은 아이들이 나에게 선물한 오답 노트와 같다. 현장에서 저질렀던 처참한 실수와 부끄러움의 잔해이기도 하다. 결과적으로 나의 미숙함은 오히려 나를 현장에 묶어 두었고 그렇게 버틴 덕에 실수를 만회할 기회도 얻게 됐다. 나의 실수에도 불구하고 하나의 진심을 주면 두 개의 사랑으로 갚아 주는 아이들이 있었다. 그 아이들이 혹여 학교폭력의 산을 넘다 지쳐 생을 포기하지 않았으면 하는 간절한 마음이 있다. 그 아이들을 너무 기다리게 하지 않았으면 좋겠다. 이해와 존중이 일상이 되는 돌봄의 공동체에서 더불어 행복하게 성장했으면 좋겠다. 내가 사랑하는 순간은 지금도 계속되고 있다. 부디, 평화!

음성 평화제작소에서. 동그라미 은영

1부. 학교폭력을 둘러싼 불편한 진실

"야, 이윤. 너 바보야? 그리고 같이 놀면 어떻게 해."

맞아서 눈에 퍼렇게 멍이 들고도 때린 친구와 계속 놀던 동생 때문에 누나는 속상하다.

"그럼 어떡해?"
"흐음. 다시 때렸어야지."
"또?"
"그래, 걔가 다시 때렸다며, 또 때렸어야지"
"… 그럼 언제 놀아?"
"… 어?"
"연호가 때리고, 나도 때리고, 연호가 때리고…. 그럼 언제 놀아. 난 그냥 놀고 싶은데."

가벼운 마음에 '우리들'이라는 영화를 보다가 듣는 순간 숨이 막혔던 대사였다. 극 중 주인공인 '이선' 역시 동생의 말을 듣고 멍한 얼굴이 된다. 언젠가 동생을 때린 친구 녀석에게 앙갚음해준 후 이선은 엄마에게 포상으로 계란말이를 받은 기억이 있다. 이선은 누나로서 동생을 잘 보살핀 것 같아 내심 뿌듯해하고 있던 차였다. 그런데 사실 그건 하나도 중요하지 않았다. 아이들은 그저 같이 놀고 싶을 뿐이다. 잠시 잊었던 진실이 반짝 수면 위로 떠 오르는 장면이었다.

이 장면에는 어른의 시선을 닮아가는 아이와 어른이 잊어버린 아이의 마음이 담겨 있다. 어른들의 세상에서는 자신이 입은 피해에 합당한 대가를 치르는 것을 당연하게 여긴다. 하지만 아이들의 세상에서 중요한 것은 같이 놀 수 있는 친구이다. 소속감을 느끼며 그냥 같이 놀 수 있는 친구들, 그뿐이다.

그런데 이런 진심은 어려서 뭘 모르는 마음으로만 취급되고 대신 아이들은 어느새 어른들의 법칙을 배워가고 있었다. 각자를 방어하기 위한 험담과 뒷담화, 폭로전, 까칠한 말들로 대치한다. 학교폭력의 당사자인 아이들과 만나보면 그들이 '사악'하다는 느낌을 받은 적은 결코 없었다. 가해 아이들은 그저 남의 감정을 돌볼 상태가 아니었거나 심리적으로 불안하고 자신에게 집중하지 못하는 상태일 뿐이었다. 이런 아이들의 마음 상태가 처벌적이고 목적 중심인 학교/가정 문화와 만나 문제행동의 불꽃을 일으키곤 한다. 학교폭력은 개인의 특질에 대한 해석보다는 사회문화적인 '관계'에서 '구성'되는 선과 악의 문제로 바라보는 게 더 적확할 것이다. 인간, 사람 '사이'에 선하거나 악한 관계가 일어나고, 벌어질 뿐이다.

학교폭력은 정말 아이들만의 문제인가? 적절한 개입을 하지 못해 문제를 더 크게 만들고 있지는 않은가? 아이들에게는 방관자가 되지 말라고 하면서 정작 어른들은 강 건너 불구경하고 있지는 않은가? 내 아이가 학교폭력의 당사자가 되지 않기 위해 쳐놓은 안전망이 되레 내 아이를 고립시키고 있지는 않은가? 내가 담임이었을 때 문제가 안 터져서 다행이라며 가슴을 쓸어내리고 있지는 않은가? 법의 장벽 앞에 아이들의 영혼을 무릎 꿇리고 있지는 않은가? 혹은 어른이라는 권위로 아이들의 진심을 모른 체하고 있지는 않은가?

학교폭력을 아이들의 문제로만 보는 단선적인 시각에서 벗어나 학교폭력을 둘러싼 수많은 이해관계와 작용과 반작용을 종합적으로 살펴야 한다. 그렇지 않으면 아이들은 자기가 짊어져야 하는 몫 이외에 어른들이 만들어 놓은 부당한 시스템과 실수까지도 짊어지게 된다. 어리다는 이유로 짊어져야 했던 짐은 억울함과 감정적 울분으로 남아, 또 다른 범죄로 이어지기도 한다.

학교폭력의 속성, 그리고 폭력과 갈등의 관계, 학교폭력예방법의 한계와 학교폭력을 다루는 교육구조가 가지는 명과 암을 먼저 짚어보고 앞으로 논의를 진행하려고 한다.

1. 학교폭력과 갈등

학교폭력에서 어른들의 몫을 찾아내기 위해서는 학교폭력과 갈등의 관계를 이해하는 것이 필수다. 학교폭력과 일상적 갈등은 크기나 심각성, 피해 정도만 보더라도 같은 무게로 다룰 수는 없지만, 둘은 서로의 원인이 된다. 학교폭력은 평온한 일상에서 갑자기 나타난 게 아니다. 오랫동안 누적된 갈등이 폭력으로 터져 나온다. 사소한 갈등이라는 씨앗이 심겨 싹을 틔우고 그 싹이 자라도록 햇빛과 수분과 산소가 공급되는 과정이 있고 나서야 학교폭력이라는 커다란 피해목이 된다. 이렇게 커버린 나무를 베어내기 위해서는 많은 힘과 자원이 필요할 뿐더러 위험하기까지 하다. 학교폭력을 가장 잘 다루는 방법은 나무가 어릴 때로 돌아가 작은 싹이 나무로 커 가는 과정이 어떠했는지 살피고 나무로 커 버리기 전에, 올라온 갈등의 싹들을 자르는 것이다.

왜 일상 갈등이 학교폭력의 싹인지 폭력에 대한 이해를 통해 둘 사이의 관계를 보려 한다.

학교폭력의 정의

학교폭력예방 및 대책에 관한 법률(이후 '학교폭력예방법')에서는 학교폭력을 다음과 같이 정의한다.

"학교폭력"이란 학교 내외에서 학생을 대상으로 발생한 상해, 폭행, 감금, 협박, 약취·유인, 명예훼손·모욕, 공갈, 강요·강제적인 심부름 및 성폭력, 따돌림, 사이버 따돌림, 정보통신망을 이용한 음란·폭력 정보 등에 의하여 신체·정신 또는 재산상의 피해를 수반하는 행위를 말한다.

학교폭력은 신체적, 정신적, 재산상의 피해를 수반하는 행위이며, 상대방이 고통을 느끼게 만드는 따돌림과 사이버 따돌림을 포괄한다. 학교폭력예방법은 2004년에 제정된 이후 현재의 법으로 다듬어지기까지 여러 번 개정되었다. 2011년 12월 대구의 한 중학생이 친구의 괴롭힘을 견디지 못하고 자신의 집에서 스스로 목숨을 버린 일이 있고 난 뒤 사건이 언론에 보도되면서 학교폭력에 대한 전국민적 분노가 일어났고, 그 결과 2012년 학교폭력예방법은 큰 폭으로 수정되었다. 이후 언론을 통해 알려지는 학교폭력은 매우 자극적으로 보도된다. 마치 영화 속 한 장면 같은 흉포한 모습을 보이고 아이들은 절대악의 얼굴을 하고 있다. 이에 강한 처벌을 요구하는 여론이 높아질수록 학교폭력에 관한 법률은 더 촘촘해졌다.

여기서 현실과의 괴리가 시작된다. 먼저 학교폭력으로 신고되는 사안을 보자. 2021년 교육부의 발표자료에 의한 학교폭력 피해 유형을 살펴보면 언어폭력이 41.7%, 집단따돌림이 14.5%, 스토킹이 6.6%, 신체폭력 12.4%, 사이버폭력 9.8%, 금품갈취 5.8%, 성폭력 4.1%, 강요 5.4%이다.

피해 유형별 응답률

구분*	2013년 1차	2014년 1차	2015년 1차	2016년 1차	2017년 1차	2018년 1차	2019년 1차	2020년	2021년 1차	증감 (%p)
언어폭력(%)	34.0	34.6	33.3	34.0	34.1	34.7	35.6	33.5	41.7	8.2
집단따돌림(%)	16.6	17.0	17.3	18.3	16.6	17.2	23.2	26.0	14.5	△11.5
스토킹(%)	9.2	11.1	12.7	10.9	12.3	11.8	8.7	6.7	6.2	△0.5
신체폭력(%)	11.7	11.5	11.9	12.1	11.7	10.0	8.6	7.9	12.4	4.5
사이버폭력(%)	9.1	9.3	9.2	9.1	9.8	10.8	8.9	12.3	9.8	△2.5
금품갈취(%)	10.0	8.0	7.2	6.8	6.4	6.4	6.3	5.4	5.8	0.4
성폭력(%)	3.3	3.8	4.2	4.5	5.1	5.2	3.9	3.7	4.1	0.4
강요(%)	6.1	4.7	4.2	4.3	4.0	3.9	4.9	4.4	5.4	1.0

* 피해 유형별 중복 응답 가능(중복 응답 건수 포함)

언론을 통해 구성된 학교폭력 이미지는 집단폭행, 상습적인 구타, 학대 등을 아우르는 명백한 범죄들이다. 아울러 학교폭력에 관한 대중의 상상 속 이미지 역시 유형별로 최고단계 수위의 행동과 가해자의 악의적인 의도가 전제되어 있다. 하지만 실제 학교폭력의 많은 사례를 살펴보면 이와 다르다. 일단 가해와 피해의 또렷한 구분이 가능하지 않은 경우가 많다. 그리고 오래된 관계에서 생긴 문제이거나 또래집단 내의 생존을 위한 주도권 싸움인 경우가 있다. 여기엔 매우 다층적인 '맥락'이 껴 있다.

학교폭력은 두 당사자 간 힘의 균형이 깨지면서 찾아온 결과다. 그 균열은 전제가 있다. 둘 사이에 '관계'가 있다는 점이다. 당사자들 간의 관계는 100% 일방적이고 폭력적인 힘의 방향성을 갖지 않는다. 둘 사이를 연결하고 있는 '관계의 힘'과 '강압의 힘'은 서로 엎치락뒤치락한다.

표면적으로 같은 학교폭력이라 하더라도 '관계의 힘'이 더 큰 학교폭력 사안을 '관계형 폭력'이라 하고, '강압의 힘'이 더 큰 사안은 '권력형 폭력'이라고 이름 붙여 이해를 돕고자 한다.

'관계형 폭력'은 감정적 실망, 소속에 대한 선망, 반복된 오해, 자기방어, 바닥난 신뢰 등이 뿌리가 된다. 반면 '권력형 폭력'은 금전적 이익, 존재감의 과시, 피해자의 비인간화 등의 특징을 가지고 있다. 이런 특징으로 피해 유형을 구분해 본다면 언어폭력, 집단따돌림, 스토킹, 사이버폭력은 높은 비율로 관계형 폭력으로 구분될 수 있고, 금품갈취나 신체폭력, 성폭력 강요는 권력형 폭력으로 구분될 수 있다. 신체폭력은 관계형 폭력과 권력형 폭력에 걸쳐 있어서 비율로는 양쪽 모두에 해당하는데, 결과적으로 관계형 폭력이 전체유형 중 약 72.5%를 차지한다고 할 수 있다. 관계형 폭력과 권력형 폭력은 유형이 다른 만큼 다른 방식으로 접근할 필요가 있다.

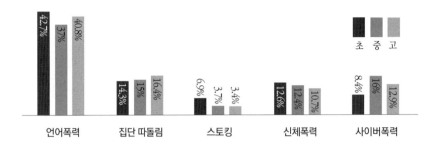

학교급별 피해 유형 비율

초 중 고

언어폭력: 42.7%, 37%, 40.8%
집단 따돌림: 14.3%, 15%, 16.4%
스토킹: 6.9%, 3.7%, 3.4%
신체폭력: 12.6%, 12.4%, 10.7%
사이버폭력: 8.4%, 16%, 12.9%

언어폭력, 신체폭력, 사이버폭력 등은 자기 의사표현 능력의 문제와 연결된다. 친구들과 오해가 생겼을 때 그것을 해결하거나, 부정적 감정을 적절하게 전달하고, 적당한 거리감을 유지하는 '관계의 기술'이 미숙했을 때 발생할 수 있는 폭력들이다.

갈등과 폭력의 재생산

일상 갈등은 관계형 학교폭력으로 연결될 가능성이 매우 크다. 관계형 폭력은 갈등을 거쳐 또래집단에서 멀어지고 가까워지는 법을 배워나가는 '과정'에서 생긴다. 알다시피 갈등은 사람과 사람이 어울려 사는 동안 당연히 생기는 것이다. 수십 명의 아이가 한 공간에서 좋든 싫든 하루 대부분을 보낸다는 건 많은 자기희생이 필요하다. 내 맘 같지 않은 타인과 오해의 가능성을 품고 의사소통에 뛰어들어야 하며, 또래집단에서 소외되지 않기 위해 자신이 원하지 않는 것도 해야 한다. 또래집단에 소속감을 느끼기 위한 긴장은 그 자체로 스트레스와 닮은

꼴이다. 긴장과 스트레스는 필시 갈등을 일으키는데 이 갈등을 직면할 힘이 없거나, 긍정적으로 해결할 방법을 배우지 못한 아이들은 길을 잃고 선뜻 폭력적 방법을 선택한다.

이때 소통할 기회를 박탈하는 것은 관계형 폭력을 부풀리는 일이다. 갈등을 만들지 않기 위해 아이들을 분리하고 대화를 아예 차단하는 것은 아이들에게 '성장하지 말라'는 말과 같다. 겪어야 할 성장통은 아프더라도 꼭 겪어야 하며 이 아픔에 대처하는 방식을 우리는 '교육'이라고 일컬을 수 있을 것이다. 고통을 회피하게끔 시스템 뒤에 숨기는 것이 아니라 갈등의 풍랑을 잘 헤쳐갈 수 있도록 나침반이 되어주는 것이 어른들의 역할이다. 어른들이 책임을 회피하면 할수록 아이들은 갈등 속에서 길을 잃게 될 것이다.

기존의 학교폭력예방법은 관계형 갈등에서 기인한 폭력도 권력형 폭력을 다루는 처벌체계를 따르도록 한다. 모든 방정식의 미지수를 근의 공식 하나만으로 셈하려는 꼴이다. 현 학교폭력예방법이 가진 응보적이고 처벌적인 방식은 관계형 폭력을 더 복잡하고 풀기 어렵게 만든다.

물론, 모든 학교폭력이 대수롭지 않은 일상 갈등에서만 비롯된다거나 그 무게와 의미를 가벼이 여기려는 것은 아니다. 일상 갈등을 넘어 직/간접적인 피해가 반복되고 아이들이 나날이 고통받고 있다는 사실 자체를 얕잡아보려는 게 아니다. 다만 학교폭력이라는 결과의 선정성에 주목하느라 도외시되는 갈등의 원형을 찾아 적극적인 '예방'을 하는 것이 학교폭력을 궁극적으로 줄일 수 있는 일임을 강조하고 싶다. 원인에 대한 충분한 이해를 통해 처벌에 중심을 둔 사법적 관점이 아니라 진정한 변화를 견인하는 교육적 접근이 가능하리라 본다.

2. 아이들의 마음을 담지 못하는 학교폭력예방법

"선생님, 아이들 사이에 갈등이 생겼는데, 오셔서 도와주실 수
있을까요?"

조심스럽게 걸려온 학교 선생님의 목소리엔 걱정과 안타까움이
묻어난다.

"그럼요."

얼른 일정표를 뒤적여 아이들을 만날 날을 잡는다.

화재가 벌어졌거나 응급환자 발생 시 소생률을 보장할 수 있는 초
동대처의 시간대를 '골든타임'이라고 한다. 아이들의 갈등도 이와 같아
서 갈등을 회복시키는 데에도 마찬가지의 골든타임이 있다. 하지만 아
쉽게도 대화 진행 요청은 대개 골든타임을 지나서 오기 마련이다. 담임
선생님의 지도에도 불구하고 아이들 사이에 갈등상황은 반복되었고,
험악한 분위기가 교실을 가득 채워 공공연하게 '학교폭력 신고'라는 말
들이 떠돌 때쯤 요청이 오기 십상이다. 그래서 더 빵빵하게 부풀어 오

른 갈등풍선을 안고 언제 터질지 모르는 조마조마한 마음으로 아이들을 만난다.

토킹스틱과 종을 들고 교실로 들어선다. 관련된 아이들과 1대 1로 따로 만나서 상황이 어떠했는지, 그리고 그 상황 속에서 자신은 어떤 마음이었는지 충분히 듣는다. 그리고 당사자들과 한 자리에 둘러앉는다. 처음 앉았을 때는 눈을 흘기거나, 긴장한 상태로 쭈뼛거리거나, 딴청을 피우는 등 다양한 태도를 보인다. 약간의 침묵 후에 아이들과 대화를 시작한다. 얼굴을 마주하고 대화를 하면 아이들은 자신의 진심을 조심히 만져보다 꺼내놓고, 상대방의 아픔을 '직접' 듣는다. 엉킨 실타래는 색깔별로 하나씩, 하나씩 천천히 풀리면서 이내 서로의 진심이 닿는 순간이 온다. 아이들의 얼굴은 차츰 환해진다. 한 친구가 "그럴 줄은 몰랐어요. 미안해요."라는 말을 입 밖에 꺼내면 다른 친구는 말간 웃음으로 지나간 아픔을 흘려보낸다. 아이들은 그렇게 빛을 비춘 곳에서 가벼워진 마음으로 교실을 나간다. 갈등에 놓인 아이들을 만나고 대화를 할 때마다 마법 같은 상황을 만난다. 아이들의 갈등 속으로 걸어 들어가서 무슨 일이 있었는지 충분히 듣고, 진심이 무엇이었는지 연결하고, 그 진심에 빛을 비추면 아이들은 마법을 부린다. 딱딱하고 차갑게 얼어붙었던 마음을 금세 녹인다. 대화로 마음을 연결한 것만으로도 놀라운 회복력을 보여준다.

갈등과 폭력에 처한 아이들을 만나는 또 다른 상황도 있다. 신고된 사안을 학교폭력대책심의위원으로 심의하는 자리이다. 그곳에서 만난 아이들은 하나같이 잿빛 절박함을 얼굴 가득 품고 온다. 어떤 피해가 있었는지 항변해야 하고, 자신이 한 행동에는 악의가 없었다며 억울함을 담은 분한 눈빛으로 말한다. 그곳에서는 보이지 않는 힘겨루기가 존재한다. 처벌의 수위를 판단하는 위원들의 마음에 어필하기 위해 앞다투어 말한다. 낯선 사람들 앞에서 자신의 피해/가해 경험을 보다 설득력 있게 말해야 한다는 부담을 가진 채로. 아이들은 결국 더 무거워진 마음으로 문을 나서게 된다. 이 과정에 절망스러운 점은 최소 1달이 넘는 심의 과정을 거쳐 처벌결과가 나온다고 해도, 마음의 상처와 갈등을 둘러싼 친구들과의 관계는 회복되기 어렵다는 것이다. 오히려 학교폭력으로 처벌이 내려지는 순간 피해/가해 친구들 모두에게 보이지 않는 낙인이 찍혀 일상적인 또래 관계가 망가져 버린다. 겉으로는 일상을 회복한 것처럼 보이지만, 해소되지 않은 감정은 마음 깊이 파묻힌 채 어떤 자극에 의해서라도 별안간 튀어나와 소중한 관계를 극단적으로 몰고 갈 준비를 한다. 누구나 완료의 욕구가 있다. 처벌은 감정의 매몰일 뿐 완료가 아니라서 이전의 피해 경험이 재해석되거나 회복으로 완료되지 않은 감정은 언제든 들고 일어날 수 있다.

비슷한 갈등이 두 개의 정반대의 길로 이별하는 이유는 어른들의 대처와 갈등을 다루는 시스템에 있었다. 앞의 사례는 대화를 통해 갈등을 해결할 수 있다는 정보를 가진 선생님의 선택이 있었고, 뒤의 사례는 신고와 처벌밖에는 폭력사건을 다루는 다른 방법이 없다고 생각하는 어른들이 있었다. 갈등이 항상 존재하는 학교생활에서 이 차이는 아주 크다. 갈등을 해결할 하나의 길만 아는 아이들과 두 개 이상의 길을 알고 있는 아이들은 분명 다른 결과를 맞게 된다. 아이들은 갈등이 생겼을 때 처벌 말고도 대화로 소통해보는 선택지를 가질 권리가 있다. 갈등을 다루는 두 대처방안을 비교해보자.

	학교폭력심의를 통한 처벌	관계회복대화모임
대상	신고 가해/피해 당사자	당사자+관계된 사람
소요시간	2주~2달	2시간~10시간
재원	심의 위원 10여명 인건비	진행자 2인 인건비
행정인력	학폭담당교사, 교육청 담당 장학사 &실무교사	해당교사
피해자회복	× 또는 △	○
가해자의 자발적 자기책임	× 또는 △	○
재발가능성	○ 또는 △	× 또는 △
근본적문제해결	×	○
공동체 회복	×	○

이처럼 학교폭력심의를 통한 처벌은 관계회복 대화모임에 비해 시간이나 재원, 행정인력에서 큰 사회적 비용을 쓰고 있다. 비용에 준

하는 결과가 나온다면 좋겠지만, 그렇지도 않다. 재발가능성이나 자기 책임, 피해회복, 공동체 회복 등 다양한 면에서 낮은 만족도를 보인다. 도대체 왜 이렇게 사회적 비용도 많이 들고, 실질적인 효과도 없는 시스템을 계속 선택하고 있는 걸까? 그 기대는 과연 온당한 것인가?

학교폭력을 처벌하는 것이 근본적인 문제해결이 될 수 없다는 사실은 가장 안타까운 부분이다. 기존 시스템에서는 아이들의 마음이 존중되지 않는다. 아이들의 마음은 학교폭력을 처리하는 절차와 행정에서 뒷순위로 밀리고, 오로지 행동의 표면적 결과만 저울 위에 오른다. 신고 이후에는 법 행정이 자가동력을 가지고 움직이기 때문에 아이들은 행정과정을 무기력하게 견뎌야 한다. 그렇다고 해서 현장에 있는 선생님들이 관계회복 대화모임을 선택하는 게 쉬운 일인 것도 아니다. 관계회복 대화모임이 아무리 사회적 비용을 줄이고 근본적인 문제해결을 가능하게 한다더라도 행정만큼이나 많은 상호조율의 과정이 필요하고, 대화모임이 길어질수록 학부모로부터 학습권 침해라는 공격을 받게 되기 때문이다.

2021년 6월에 개정된 학교폭력예방법은 아이들을 관계의 본질에서 더 밀어낸다. 학교폭력으로 신고를 하는 순간 피해추정학생과 가해 추정 학생을 즉각 분리해야 한다는 조항 때문인데, 이는 대화의 가능성을 원천적으로 차단하게 만든다. 피해추정 학생이 가해 추정 학생의 분리 여부를 선택할 수는 있지만, 기본값을 '분리'로 만들어놨을 때, 분리를 거절하는 것은 별도의 절차를 밟도록 한다. 결과적으로 피해추정 학생을 더 번거롭게 만들어 고통에 빠뜨리고 있다. 게다가 이 제도는 얼굴을 마주하지 않는 게 '정상'인 상태가 되고, 얼굴을 마주하는 것이 '비정상'이라는 구분을 만들어, 대화 자체를 번거로운 시도로 만들고 있다. '분리하기'는 관계회복 대화모임을 진행할 때 가장 큰 장애가 된다. 게다가 신고를 통해 분리가 확정되는 순간 가해 추정 학생은 가해자로 낙인찍히고, 피해추정 학생은 피해자로서 자신의 피해를 비자발적으로 아웃팅 당하게 된다. 낙인과 아웃팅은 서로에 대한 경계와 불신을 더욱 강화한다. 물론 긴급하게 분리해야 하는 경우가 있다. 신체적 폭력과 직접적 가해행위가 분명해서 분리를 지체했을 경우 심각한 피해가 일어날 가능성이 명백한 경우이다. 이때는 즉각적으로 분리해야 하고, 분리가 곧 '보호'라는 의미를 띨 수 있다. 하지만 학교폭력 중 긴급한 몇 개의 경우를 제외한다면 분리의 원칙은 '대화의 차단'과 '낙인'이라는 결과를 가져온다. 이는 문제를 더 어렵게 만든다.

그나마 다행인 것은 학교폭력을 다루는 새로운 패러다임으로 관계회복지원단, 갈등조정중재단과 같은 관계회복을 위한 중간지원모임들이 조직되고 운영되고 있다는 점이다. 이는 각 시도교육청에서 시스템으로 갖추고 실제 운영하는 곳도 있고, 형식적인 조직만 남아있는 일도 있다. 모든 지역의 사례를 일일이 조사하고 자료화하지 못해 아

쉬움이 남지만, 희망적인 것은 대안을 만들려는 새로운 시도들이 끊이
지 않고 있다는 점이다.

3. 학교폭력의 씨앗이 심어지는 순간

첫 번째 시작점 : 작은 씨앗 심기

학교폭력의 결과는 압도적으로 큰 나무처럼 보이지만, 거슬러 올라가 보면 아주 사소한 오해의 씨앗에서 시작한다. 씨앗은 반복적인 오해와 다툼에서 발아하고, 적절한 대처가 없었거나 억울한 상황이 반복되면서 줄기를 뻗고, 주변의 무관심과 비난이 부메랑이 되어 돌아오면 어느새 큰 나무로 자라나 짙은 그림자를 만든다. 갈등상황을 찬찬히 살펴보면 초등저학년부터 시작된 경우가 많다.

저학년 친구들이 주로 호소하는 문제는 이렇다. 유치원 때는 친했던 친구가 학교에 들어오고 새로운 친구를 만나면서 멀어지는 게 속상하다. 그래서 다시 친해지고 싶은 마음에 짓궂은 장난을 치고 나름의 관심을 표현하는 과정에서 오해와 갈등이 생긴다. 그런 마음이 해소되지 않은 상태에서 고학년이 될수록 각자의 무리를 짓게 되고 무리에서 따돌림을 당하지 않기 위해 따돌릴 다른 친구를 물색한다.

이런 집단 문화 속에서 아이들이 예민한 사춘기를 거치면서 갈등도 첨예해진다. 초등학교에서 새로운 환경으로 헤쳐모인 중학교 신입생들은 또래집단에서 소외되지 않기 위한 치열한 눈치싸움을 벌인다. 출신 학교, 친밀감, 인기 등의 요소를 파악해 안전한 그룹에 포함되기 위해 소속집단에 과도한 충성을 보이기도 한다. 이 과정에서 가장 손쉽게 쓰이는 방식이 '적'을 만드는 것이다. 적은 집단 외부에서 찾게 되는데 이미 갈등을 벌여봤던 면식의 친구들이 희생양이 되는 경우가 많다. 비난하기 적절한 '상대'를 선택하고, 놀림과 비난을 공유하며 자기 그룹의 우월함을 확인하여 내부결속을 다진다. 해소되지 않은 감정의 찌꺼기는 마음 어딘가에 남아 곪는다. 갈등 사안을 이야기하다 보면 아이들은 줄곧 이전의 기억으로 거슬러 올라간다. 그 뿌리는 아주 깊게 박혀 있다. 결국, 지금의 이야기를 하기 위해 이전의 갈등도 같이 다뤄야 한다.

학교폭력심의에 참여하면서 가장 아쉬웠던 점은 지금의 상황이 결국 이전의 갈등에서 기인했다는 것을 알면서도 '법적 공방'을 위해 표면에 드러난 상황에만 국한해 논의를 진행하고 이전의 상황은 개입하지 못하도록 하는 것이었다. 그러다 보니 가해와 피해가 뒤바뀌는 일도 부지기수고 억울함을 호소하던 아이들은 시스템을 불신하게 되어 앙심을 품고 보복을 하거나 관계를 철저히 단절시키는 방식으로 문제를 대면하려고 한다.

두 번째 시작점 : 묻어두고 회피하기

초등학교 때는 아주 소소하고 작은 갈등들이 일상적으로 터져 나온다. 담임선생님은 수업을 지도하고 행정을 하는 것만으로도 바쁘고 지치다 보니 이런 소소한 사건들을 하나하나 이야기하고 넘어가기 어렵다. 그러다 보니 자연스럽게 작아 보이는 갈등이나 다툼은 선생님이 나서서 정리하고 판단을 내려주면서 넘기기도 한다. 하지만 그렇게 넘어간 일들은 사라지지 않는다. 오히려 보이지 않는 영향력을 가지게 된다. 묻어두었던 일들이 하나하나 쌓이면서 단단한 빙하의 밑동을 만들게 된다. 그 얼음은 언젠가 부피가 커지면 수면 위에서 부딪치게 되어 있다. 갈등은 아이들의 성장과 함께 해묵은 갈등으로 나이를 먹어 간다. 그래서인지 중학교 선생님들은 다소 억울한 부분도 있다. 초등학교 때 만들어진 갈등이 하필 중학교 때 터지다니…. 대화를 해보면 폭력의 원인을 거슬러 올라가 초등학교 때부터 쌓인 오랜 갈등이라 해결할 수 없다며 손을 떼는 경우도 많다. 하지만 운이 나빠서 오래된 갈등의 뇌관이 건드려진 것이 아니다. 폭발은 준비되어 있었고, 새로운 환경에 적응하는 불안감이 도화선에 불을 댕겼을 뿐이다.

그래서 어린 친구들이 교우 문제를 호소하며 올 때 가볍게 넘길 수 없다. 어른들이 보기엔 사소해 보이는 일도 아이들이 대화해보기를 원한다면 진지하게 대화의 장을 마련해 주어야 한다. 그 사소한 일에서 억울하고 분한 마음이 쌓이고, 그 마음을 자양분 삼아 폭력의 싹이 자라기 때문이다. 아무리 오래되고 작은 일이라도 대화모임에서 꼭 다루는 이유다.

세 번째 시작점 : 거미줄처럼 얽혀 있는 관계들

큰 나무들이 빽빽이 자라고 있는 숲에서 나무를 솎아내 주고, 나무들의 거리를 벌려주면 햇빛도 잘 들고 숲에 생명력이 깃들 것으로 생각한다. 하지만 우리의 상상과 실제 숲의 생존방식은 다르다. 같은 종류의 나무들은 서로의 뿌리를 통해 네트워크를 형성하고 있어서, 힘없는 나무들이 사라지면 건강하던 다른 나무들도 힘을 잃게 된다. 약한 개체의 빈자리로 뜨거운 햇볕과 사나운 바람이 밀고 들어와 숲의 기후를 바꿔버리기 때문이다. 큰나무와 작은 나무는 서로 뿌리를 통해 영양분을 공급하며 도움을 주고받는다. 서로에게 없어서는 안 될 존재가 된다. 교실도 이와 같다.

교실 안 아이들은 개별적 우주인 동시에 촘촘하게 얽힌 관계망을 공유하며 단일한 생태계를 이룬다. 각각의 우주는 독립적으로 존재하기도 하지만 나름의 중력을 띠고 서로 영향을 주고받는 것이다. 고유한 인력과 척력에 따라 보이지 않는 수많은 실로 얽혀 있으며 그 실의 개수만큼 다양한 모양이지만, 낱개의 실들은 사실 모두 연결돼 있다. 따라서 교실에서 일어난 갈등은 사건 당사자들만의 일이 아니게 된다. 그 영향은 다른 아이들과 관계를 맺고 있는 경우의 수만큼 힘의 크기

를 가지게 된다. 겉으로 보기엔 둘만의 문제처럼 보여도 그것을 둘러
싼 수많은 당사자가 있음을 염두에 두어야 한다. 갈등이 생긴 당사자
들을 가해와 피해로 지정하는 순간 주변에서 영향을 준 당사자들은 제
외된다. 몸에 병증이 생겨 그곳을 도려낸다고 하더라도 소통하지 않는
생태환경에서는 같은 병증이 또 올라올 가능성이 크다. 예상과 달리
가해와 피해가 소거되는 것이 아니라 다른 이로 대체될 뿐이다.

4. 학교폭력을 예방한다?

[예방]: 질병이나 재해 따위가 발생하지 않도록 미리 대비하
여 막음

학교에서 학교폭력 예방을 위해 주로 사용하는 방법이 두 가지가
있다. 하나는 학교폭력 인지 예방 교육이고, 또 하나는 개별심리상담
이다. 두 가지 예방 교육에 대한 경험을 나누고자 한다.

수업일수가 다 채워진 학기 말, 아이들과 만나면 으레 나오는 장
난이 있다.

"싫어요! 안돼요! 하지 마세요!"

그맘때쯤 학교폭력 예방 교육을 받는 듯하다. 놀이 하던 중 다른
친구가 조금이라도 몸을 건드리면 "싫어요. 안돼요. 하지 마세요."를 외
치면서 그 친구를 한 대 때린다. 또는 놀이 도중 아이들이 위험한 곳에
부딪히려 할 때 내가 몸을 건드리며 막아서면 어김없이 아이들의 입에

서는 이 대사가 나온다. "싫어요. 안돼요. 하지 마세요."

 '이게 뭐지?' 갑자기 씁쓸한 맛이 목구멍에서부터 올라온다. 이 예방법은 자신의 몸을 보호하기 위해 자신이 거부해야 할 힘에 대항하는 법을 가르친 것이지만, 동시에 피해자에 대한 몰이해를 강화할 위험이 있다. 폭력 상황에 맞닥뜨렸을 때 이렇게 말할 수 있을 거라는 환상을 심어주고, 나아가 실제 단호하게 말하지 못한 피해자는 겁쟁이나 소심한 사람, 방어하지 못한 무기력한 사람으로 만드는 효과를 낸다. 이런 말이 오갈 수 있는 관계는 서로가 동등하다는 것을 전제로 하는데, 실제 힘의 우위를 가진 상대 앞에서 이 훈련은 좀처럼 작동되지 않는다. 결정적으로 아이들은 이것을 놀이처럼 소비하면서 그 중요성을 휘발시키고, 필요 이상으로 친구 관계를 위축시키는 결과를 낳는다.

 학교폭력 예방을 위한 또 다른 프로그램은 심리상담이 있다. 상담은 눈에 띄게 문제행동을 하는 아이들을 핀셋처럼 골라 이뤄진다. 주로 가해의 가능성을 보이는 친구들은 기질적으로 활력이 넘치며, 친구 관계에 집중을 과하게 하고 있거나 관계에서 힘의 우위를 점하려고 한다. 결국 '관계 맺는' 문제와 떨어뜨려 놓고 생각할 수 없는 친구들이다. 그런데, 상담은 문제행동을 개별화해 다룬다. 개별적으로 상담에 참여한 아이들은 상담자와 동등한 관계를 맺을 수 없을뿐더러 관계 자체가 쉬 맺어지지 않는다. 문제는 친구들과의 관계 속에서 생겼는데, 개인의 어떤 특성을 문제로 다루는 방식은 엉뚱한 진찰과 같다. 문제행동을 한 개인을 부속처럼 고친 다음 공동체 안에 다시 끼워 넣어도 같은 문제행동을 반복하게 될 가능성이 크며, 이 과정에서 '나는 어쩔 수 없이 나쁜 아이'라는 체념과 자기 비하가 생긴다. 상담에 대한 의존도가 높아져 친구 관계에서 고립되는 결과를 낳기도 한다. 물론 상담을 통해 자기 상황에 대한 명료화와 성찰을 통해 내면의 힘을 갖게 되기도 하지만 이는 진지한 상담 의지를 가진 아이들일 경우에 한해서다. 대부분 타의에 의해 상담실로 불려오는 아이들은 문제행동을 직면할 의지가 없다. 정작 상담실에 불려갈 가해 아이들은 문제의식을 느끼지 못하고 피해를 본 친구들만 찾게 되는 개인 상담은 '예방'이라기보다는 '후처리' 과정에 더 가깝다.

그렇다면 다소 '소극적'인 예방접근법과 달리 실제 학교폭력이 감지되는 순간부터 학교폭력으로 신고되기 전까지 중간과정에서 선택할 수 있는 '적극적'인 예방법은 무엇이 있을까? 현재 현장에서 시도하고 있는 것은 학교폭력 예방을 위한 관계형성프로그램이나 관계회복 대화모임이 있다. 진정한 의미의 학교폭력 예방은 아이들 사이에 친밀한 관계를 만들고 다양한 성격이나 취향에 대해 존중할 수 있는 태도를 가르치고, 갈등을 대화로 풀어갈 수 있는 허용적 분위기를 만드는 것이다. 친구 관계를 안전하게 형성할 수 있도록 돕고, 힘의 논리가 공동체를 지배하지 못하게 할 때 학교폭력은 예방된다. 사회적 관계를 맺는 방법을 인지적 교육이 아닌 참여형 수업으로 교육과정에 포함해야 하며 아이들이 국·영·수를 배우듯 친구 관계를 맺는 방식도 학습해야 한다. 어떤 행동이 친구를 배려하는 행동인지, 존중이란 무엇인지, 잘 듣고 잘 말하는 법은 무엇인지, 폭발하는 감정을 어떻게 조절할 수 있는지, 나와 다른 사람과 어떻게 대화할 것인지 첫걸음부터 배워야 한다. 말을 할 수 있다고 글을 쓸 수 있는 게 아닌 것처럼 아이들과 어울려 논다고 관계 맺기의 기술을 다 아는 것은 아니다.

학교폭력을 비유할 때 물속에 잠긴 빙산을 예로 든다. 빙산은 작은 얼음덩어리에 얼음이 겹겹이 쌓이고 쌓여 그 부피가 커지면 어느새 거대해진다. 학교폭력은 갑자기 나타나는 것이 아니라 오랜 시간 동안 오해와 감정들이 쌓이고 쌓여 드러나는 일상 갈등의 결과물이다. 수면 위로 올라온 빙산이 보이지 않는 더 큰 빙산의 일부라는 것은 학교폭력의 본질을 잘 보여준다. 수면 위의 빙산은 '결과'일 뿐이다. 그것을 떠받치고 있는 '원인'은 수면 아래 잠겨있다. 우리는 어리석은 짓을 한다. 수면 위로 드러난 빙산만 깎고 폭탄을 터트려 없애려 한다. 하지만 수면 아래의 큰 부분을 녹이지 않는 이상 빙산은 또다시 떠오르게 될 것이다. 진정한 의미의 예방은 학교폭력이 가시적으로 드러날 때까지 기다렸다가 수면 위로 올라오면 그제야 밝혀내고 처벌하는 데 애를 쓰는 것이 아니라 수면 아래 있는 빙산을 녹여 작게 만드는 데 있다.

농사를 지을 때 가장 진절머리나도록 미운 것이 잡초다. 잡초는

봄 냄새가 풍기자마자 슬금슬금 올라오기 시작해 5월을 지나면 하루가 다르게 자란다. 심지도 않고 반기지도 않는데 여간 성실하고 꾸준한 게 아니다. 예초기로 목을 댕강 날리면, 더 빠르게 줄기를 밀어 올린다. 폭력도 이와 같아서 뽑아도 뽑아도 끝이 없다. 가꾸지 않아도 무성해지고, 아무리 잘라내도 살아나 그 힘을 과시하고 씨앗을 퍼트린다. 진정한 의미의 예방은 금지에 있지 않다. 바람을 타고 날아오는 잡초씨를 차단하거나, 잡초를 열심히 뽑기 위해 물적, 인적 자원을 쓰는 데 있지도 않다. 중요한 일은 잡초를 뽑은 자리에 예쁜 꽃을 심어 잡초가 자랄 자리를 갈음하는 것이다. 폭력에 대한 반대와 금지를 넘어서, 모두가 행복한 삶을 구체적으로 상상하고 일상화하지 않는다면 폭력은 끊임없이 그 틈새를 노리고 날아들어 씨를 퍼뜨리고 주인 노릇을 할 것이다.

꽃을 심자
꽃을 심어 ︶

5. 모두를 무기력하게 만드는 학교폭력 대응시스템

법률만능주의

"법은 최소한의 도덕이다."

수업시간에 배운 문장 중 뇌리에 깊게 박힌 말이다. 몇 학년 교과서였는지, 어떤 선생님의 입을 통해 강조되었던 말인지는 생각나지 않는다. 그런데 성인이 되고 삶을 이어갈수록 순간순간 머릿속에서 튀어나와 내 눈앞에 나타나는 말이다. 맞다. 법은 최소한의 도덕이어야 한다. 사회를 이루는 사람 사이에서는 도덕이 크고, 법은 최소한의 역할로 기능해야 서로 덜 힘든 세상이 된다. 그런데 언제부턴가 거꾸로 가는 듯하다. 갈등이나 차이가 발견되면 '법대로 하자'는 말이 득달같이 튀어나온다. 자꾸 법을 따지니, 사소한 부분까지도 법 조항이 만들어지고 세밀화된다. 법적 절차는 복잡해지고, 더 어려운 법률용어가 난무한다. 각진 용어는 관계의 곡선에 포개지지 못한다. 법이 세밀화되고 어려워질수록 맥락은 해독되지 못한 채 그 법을 통해 정녕 혜택을 봐야 하는 사회적 약자들을 벼랑으로 내몬다. 손해를 덜 보기 위해 되레 경제적 손해를 감수하면서까지 전문법조인에 의뢰해 치킨게임을 벌여야 한다. 법적 절차를 밟은 후에 남는 것은 이기든 지든 상처뿐인 자존심이거나 체납고지서이기 쉽다.

　법은 실제 일어날 만한 최악의 상태를 가정하기 때문에 강한 제재를 전제한다. 그리고 피고와 원고, 피의자와 피해자를 이분법적으로 가르기 때문에 다양한 맥락과 사정이 뒤섞여진다. 심지어 가해와 피해가 뒤바뀌기도 하는데, 법은 이런 상황을 제대로 담아내지 못하는 경우가 많다. 법이 철저히 '객관론'에 기반한 시스템인 탓이다. 객관론은 대상과 관찰자 사이에 거리를 두어 그 대상들 간에 어떤 일이 일어나는지, 관계의 배경 지식을 의도적으로 배제하게 한다. 살아있는 두 당사자 사이의 감정과 역사를 담아내고 직면하는 것은 두려움이 앞서는 일이다. 감정노동의 에너지와 시간, 해묵은 일을 끄집어내는 인내심, 그리고 두 당사자 간의 진심을 연결하는 일은 너무 번거롭고 비효율적으로 보이기만 한다. 사람들의 이런 두려움은 언뜻 공정해 보이는 객관의 벽 뒤로 떠밀려 내면의 진실을 회피하게 만드는 역할을 한다.

　이것이 학교폭력예방법이 가지는 맹점이다. 폭력을 발생시킨 갈등상황 속에서 주관적인 지식이나 관계적 맥락은 매우 중요한 핵심이지만, 객관이라는 이름 뒤에 뒤로 미뤄놓는다. 그 때문에 모두가 공공연하게 알고 있고, 어떻게 해야 이 문제가 풀릴지 실마리를 갖고 있어도 선뜻 그 누구도 나서지 못하게 된다. 법적 문제로 비화된 영역에서

법적 근거가 되지 못할 말들은 그저 군소리일 뿐 자칫하면 위법을 저지르는 꼴이 되고 만다. "법이 무법자를 생산한다."라는 데리다의 말처럼.

고래싸움에 새우 등 터지는 학교관계자

정교해진 법은 아이들이 실수하는 과정에서 학습하는 성장의 기회조차 금지하고, 나아가 교사들의 의지를 꺾는 구실이 된다. 교사들의 '의지'를 운운하는 게 난데없을 수 있으나, 사실이 그렇다. 학교폭력예방법이 강화되면 강화될수록 아이들 갈등이 가시적인 폭력으로 드러났을 때 교사들이 개입할 수 있는 여지가 사라진다. 어른들 눈에는 잘 보이지 않았던 오해와 갈등들이 모이고 모여 방향성을 가진 폭력으로 드러났을 때, 아이들 사이의 갈등을 조정하고 중재하려는 교사는 '편드는 교사', '화해를 가장해 문제를 덮어버리려는 교사'라는 공격을 양쪽 학부모에게서 받게 된다. 아이들의 관계를 적극적으로 풀어보려던 교사들의 의지는 꺾일 수밖에 없다. "법대로"만 처리한다면, 법적 절차만 문제없다면, 책임이나 비난에서 벗어날 수 있다. 괜히 오지랖을 부렸다가 오해받고 욕을 먹느니, 안전한 길을 선택할 수밖에 없다.

담당교사에 대한 과도한 행정업무 역시 학교폭력을 기계적으로 다루도록 내몰고 있다. 학교폭력 사안이 한 건 터지면 사건 접수부터, 당사자 조사서 작성, 학부모 상담, 내부 보고, 심의위원회 개최, 교육청

이관, 사후처리 등 많은 단계를 거쳐야 한다. 이 과정을 그냥 이행만 하면 되는 것이 아니라 마치 가전제품 사용설명서처럼 법적 분쟁의 소지를 피해 본질과 동떨어진 서류를 작성해야만 한다. 이 과정만으로도 담당교사는 큰 스트레스에 빠진다. 여러 건이 비슷한 시기에 몰리면 교사의 선택권은 두 가지뿐이다. 하나는 표면적이고 형식적인 화해로 무마하거나, 신고 후 행정업무에 투신하는 것이다. 두 경우 모두 아이들의 마음을 들여다볼 기회는 없다.

인간관계가 상대적으로 좁은 지역사회에서 학교폭력이 생기면 순식간에 입방아에 올라 누군가의 가십거리로 소모된다. 학교 측에서 아무리 비밀보장을 하려고 노력해도 소식은 새어나가기 마련이다. 이는 곧 당사자 아이들에 대해 낙인찍기와 더불어 교사를 비롯한 당 학교 전체의 관리 무능으로 이어지기 때문에 사안을 쉬쉬하게 된다. 하여 문제가 생겼는데도 내외부 전문가에게 도움을 요청하기는 어려운 일이다. 병이 생기면 알리라는 말은 옛말이다. 병은 은폐되고 병의 원인은 미궁에 빠진다. 그렇게 악순환은 시작된다.

결정 과정에 참가할 수 없는 당사자들

친구들의 하소연을 들어줄 때 우리는 어떻게 해야 하는지 안다. 그냥 들어주면 된다. 상황에 대한 객관적 판단이나 조언은 오가는 대화의 맞장구나 추임새일 뿐이다. 문제 해결책은 언제나 당사자가 가장 잘 알고 있다. 해결을 가로막는 속상한 마음, 부족한 용기에 응원과 공감이 필요할 뿐이라는 것을 우리는 안다. 듣는 사람은 그저 같이 앉아 당사자의 존재에 귀를 기울여 주는 것만으로도 상황을 헤쳐나갈 힘을 건넬 수 있다. 그저, 들어만 줘도 괜찮다.

그런데 학교폭력을 처리하는 과정에서 '듣는' 행위는 '공감'이 아닌 '판단'을 위한 것으로 그 목적이 바뀌어버린다. 화자가 스스로 해결할 힘을 북돋기보다는 되레 힘을 빼앗는다. 자신의 문제임에도 당사자들은 자기 입장을 '말하는' 데까지만 선택과 주도권을 가질 수 있다. 그 이후 판단과 처벌의 결과를 정하는 과정에는 참여할 수 없다.

결정 과정에서 당사자를 배제하는 이유가 물론 피/가해의 주관적이고 임의적인 인지에 따라 학생들을 과도한 책임과 부당한 상황에 빠뜨리지 않게 하기 위함임을 모르는 바 아니다. 하지만 한번 시작된 학교폭력심의과정은 당사자들 간에 발생한 새로운 관계의 변화를 품어내지 못 한다. 때로 피해 학생들은 가해 학생들이 처벌을 받는 것보다 문제를 인정하고 반복하지 않는 것을 더 원한다. 하지만 진정으로 원하는 자발적 인정과 반성을 보장할 수 없어서 처벌을 원치 않으면서도 마지못해 심의 과정을 진행하는 때도 있다. 한편 신고와 심의 과정에서 당사자들이 따로 만나 감정을 풀고 잘 해결했다 하더라도, 신고 후 가해의 행위가 일어났다고 법적으로 인정된다면 화해의 여부로 처벌의 수위가 참작될 수는 있을지언정 처벌과 신고 자체를 무효로 하지는 않는다. 모든 예외사항까지 품어내는 법 조항을 만들어야 한다는 게 아니다. 당사자들이 심의에서 철저히 소외된 채 결과에 따른 변화만을 강제로 겪어야 하는 건 이상한 일이다.

질문과 틀거리가 만든 길

학교폭력이 발생한 후 신고접수가 되면 당사자들의 입장은 아주 견고한 틀 안에 갇힌다. 신고 이후부터는 학교폭력을 밝혀내려는 질문과 틀 자체가 힘을 가지기 시작하고 매뉴얼화된 길을 따른다.

그 첫 번째 길은 가해자와 피해자라는 호명에서 시작된다. 일단 가해자와 피해자라는 프레임이 생기는 순간 '무죄 추정의 원칙'은 힘을 잃는다. 그 용어는 몹시 단정적이어서 피해자는 선하고 가해자는 악하다는 고정관념이 작동하는데 이 이분법은 두 당사자 사이에서 일어난 일을 정확하게 보지 못하게 하고 애당초 정해진 답을 편향되게 확증하도록 부추긴다. 피해를 절충하거나 때로는 가해를 과장하기도 한다. 피해-추정, 가해-추정이라는 말을 권고하지만, 이는 눈 가리고 아웅하는 데 그친다.

피해와 가해가 뒤얽혀 있는 경우라면 누가 '먼저' 신고하는가에 따라 판단과 결과가 달라진다. 으레 피해를 먼저 호소한 쪽에 무게가 실리고, 가해자로 지목당한 상대가 '무죄'판결을 받기란 하늘의 별 따기다. 일단 가해 추정 학생으로 신고가 되고 심의위원회가 열리면 피해 경중을 고려해 수위가 조절될 뿐 필시 처벌로 마무리된다. 그렇게 내려진 처벌은 관계의 단절을 완성한 채 사건을 종료한다. 신고를 선수 치는 식으로 악용하는 사례도 종종 일어나고, 사건이 끝나고도 남은 앙금 때문에 편이 갈려 다른 분쟁이 벌어지기도 한다. 결과적으로 처벌이 학습공동체를 차갑게 만들거나 와해시키는 결과를 낳는다. 가해와 피해라는 말을 대체할 수 있는 용어를 우리는 고민해야 한다.

두 번째는 신고 이후 당사자들 간의 자동분리제도이다. 이 법은 2021년도부터 적용되기 시작했는데 신고가 접수된 즉시 가해 추정 학생과 피해추정 학생의 공간을 분리해야 한다는 법이다. 신고를 당한 후 가해 추정 학생은 3일 정도 분리되는데 그동안 학생은 가해자의 입장에 걸맞은 방어태세에 들어간다. 가해자 쪽이 방어의 행동을 취하는 순간 자진해서 잘못을 인정하고 책임을 지는 일은 요원하다. 아무리 결정적인 피해의 증거를 들이대도 가해 아이는 그것을 공격으로 여기기 때문이다.

그렇다면 자동분리 조항이 피해추정 학생의 보호에 어느 정도 도움이 되는가? 자동분리가 유효한 경우는 다음과 같을 것이다. 심각한 신체적, 물리적 폭력이 발생했거나 발생할 가능성이 있는 경우, 성폭력으로 인한 피해가 확인되어 즉각적인 조치가 필요할 경우이다. 이런 경우는 만에 하나 피해 학생이 원하지 않더라도 분리하는 것이 마땅하다.

하지만 구속력이 있어야 하는 권력형 폭력이 아닌 관계형 폭력의 경우는 다르다. 가해자로 지목된 학생이 어느 순간 사라진다면 피해추정 학생의 호소가 아우팅 되는 셈이다. 비밀유지는 물거품이 되고, 반 아이들이 신고내용을 추측하게 만든다. 관계의 생태계 속 다른 아이들도 감정의 변화를 일으킨다. 저마다의 관점에 따른 억측으로 편을 먹고 적대적인 갈등의 두께만 키울 수 있다.

물리적으로 분리된 상태에서도 아이들은 충분한 비공식적 소통 경로를 가지고 있다. 인터넷이나 휴대전화 속에서 손쉬운 담합이 이루어질 수 있다. 이 과정에서 피해는 왜곡된다. 아이들은 또래집단의 평가와 감정변화에 더 민감하여서, 자신에게 불리한 시선이 감지되면 외려 피해를 숨기거나 혹은 과장할 가능성도 있기 때문이다. 다시 강조하지만, 학교폭력은 당사자 개개인의 문제가 아니다. 그들과 관련된 다른 아이들도 갈등 일부로서 한 몸처럼 반응한다. 하나의 거미줄에 사로잡힌 여러 개체처럼 말이다.

법의 목적은 피해를 돌보고, 가해 학생이 자발적으로 책임을 지게 만드는 것일 텐데 용어와 틀거리가 만드는 부작용이 길을 놓치게 하기 쉽다. 피해자의 피해를 충분히 돌보고, 그 마음이 가해자에게 공감적으로 전달되어 가해자도 진심으로 잘못을 뉘우치고, 갈등이 봉합된 후에도 피해자가 가해자의 눈치를 보지 않고 또래집단에서 안정감을 느낄 방법은 있는 것일까? 판단을 앞세우지 않고 서로 다른 이해의 수준을 같게 만들 수 있는 법적 과정은 어떻게 가능할까? 법적인 틀거리로 이것은 과연 가능한 것일까? 질문이 많아진다.

2부. 폭력을 부추기는 사회의 문화와 신념

폭력은 살인과 전쟁, 약탈, 침략, 폭행과 같은 물리적인 것뿐 아니라 차별과 소외를 불러오는 언어, 문화, 상징, 사회구조, 사회적 인식처럼 눈에 보이지 않는 것들을 포함한다. 가시적인 폭력은 객관적으로 확인할 수 있고 너무나 명백해서 사람들이 가진 양심이나 도덕률에 의해 제지할 수 있다. 하지만 비가시적인 폭력은 정상적이고 평온한 상태에서는 잘 포착되지 않고 주관적으로만 경험하기 때문에 그것을 알아차리는 사람들의 시선에 의해서만 포착될 수 있다. 그래서 '무지'의 그림자 뒤에 숨은 폭력은 다루기 더 까다롭다.

폭력에 대한 성찰은 이 두 가지 폭력이 별개로 존재하는 것이 아니라는 데 집중한다. 가시적 폭력과 비가시적 폭력은 서로의 자양분이 되기 때문에 이 둘 사이의 관계성을 전제로 폭력의 문제를 풀어나가야 한다. 비가시적 폭력을 인지하지 못하는 상태에서는 가시적인 폭력이 이해의 그물에 걸리지도 않을뿐더러 그 원인을 인간 개인의 사악한 본성이나 비정상성으로 찾아내 탓하기 쉽다.

폭력의 기원에 대한 많은 학자의 분석이 있다. 어떤 이는 인간의 사회화 과정에서 그 시작점을 찾기도 하고, 권력과 종교의 결탁으로 해석하기도 한다. 다양한 견해가 있지만, 폭력의 중심에는 무엇보다도 '오해된 생존본능'이 있다고 여겨진다. 수렵과 채집을 하던 인간은 신체의 생존 가능성을 높이기 위해 무리를 지어 살기 시작한다. 조상이나 신을 매개로 구성원이 불어나고, 자연스레 규모가 커져 사회를 이루게 되면 질서가 필요할 때 통치 권력을 호출한다. 이어서 권력은 사회 규모만큼의 무게를 갖고 집단의 지속적인 안전 보장을 위해 사회적 생존의 핵심에 자리 잡는다. 권력이 사회의 구심점이 되는 순간 사회는 원심력을 띤다. 구성원들은 '안'과 '밖'을 깨닫고 '소속'을 '생존'과 동의어로 여긴다. 이 때문에 소속감은 늘 불안과 짝을 짓는다. 처리되지 않은 불안의 혐의는 사회적 약자에게 쏠린다. 이 과정에서 나의 인간성과 반대에 있는 '괴물의 형상을 띤 타자'가 개발된다. '옳고 선한 나'와 '틀리고 악한 너'를 만들고, 민족과 국가, 피부색, 성별, 장애, 성적 취향으로 우열의 벽을 세운다. 종교적 신념에 근거해 '악'을 만들어내고, 인간의 우월성을 근거해 자연을 착취하면서 폭력의 유구한 역사는 시작됐을 것이다. 사회는 타자를 공동체 밖으로 추방해 당장 안전이 보장되었다고 착각할 뿐이다. 생존본능에 대한 오해는 모두가 함께 살 수 있음에도 불구하고 적이나 절대악, 타자가 있지 않다면 권력의 선착순에서 밀릴 거라는 존재적 불안이다.

생존과 안전이란 이름에 엉긴 욕망은 깊은 어둠 속에 뿌리를 내린다. 어둠 속 욕망에서 자라나는 폭력은 이해의 빛을 비춰 그것이 작동하는 메커니즘을 만천하에 드러낼 때 그 힘을 잃는다. 비가시적인 폭력이 어떤 모습으로 우리의 일상에 배어있는지, 학교라는 사회에 어떻게 똬리를 틀고 있는지 직면하고 이해해야 한다. 아무리 오래된 어둠도 한순간 빛으로 물리칠 수 있다하니 다행이다.

평화는 폭력에 의해 유지될 수 없다.
그것은 오직 이해를 통해서만 유지될 수 있다.

-알베르트 아인슈타인-

6. 파워게임 : 힘의 논리로 세상 보기

'학기 초에는 이빨을 보이면 안 된다'

이 말은 농담 반 진담 반 중학교 선생님들 사이에 암묵적으로 전해지고 있는 실전 격언이다. 학기 초 낯선 반 분위기에서 학생들에게 이를 드러내 웃거나 부드럽게 대하면 선생님을 편하다 못해 만만하게 생각해서 1년을 고생하게 된다며 생긴 말이다. 이는 처음에 잘 해주어 1년 동안 얕잡아 보이느냐, 아니면 처음엔 무섭고 엄하게 한 다음 조금씩 부드럽게 풀어주면서 인심을 얻느냐 하는 선택의 기로 앞에 세운다. 실제로 후자의 방식이 효과를 내기도 하고, 아이들의 관계 역동에 대한 통찰력도 품고 있다. 그래서인지 아이들을 몇 년 경험하신 선생님들은 이 말을 들으면 넌지시 웃으며 고개를 끄덕인다. 아이들에게 다정다감한 스승이 되고 싶지만, 처음부터 잘 해주면 안 되는 현실, 아이들 말처럼 '웃픈' 현실이다.

많은 학생을 책임져야 하는 치열함 속에서 터득한 요령이겠지만, 한편으로는 기존 문화가 가진 폭력의 프레임에 지레 순응한 꼴이기도 하다. 학기 초 학생들은 보이지 않는 긴장 상태에 있다. 1년 동안 싫어도 만나야 하는 관계에서 스트레스 없이 잘 지낼 수 있을지, 나와 관계가 좋지 않았던 친구 때문에 반에서 따돌림을 당하진 않을지, 혼자 어색하게 남아 인기 없는 낙오자처럼 보이진 않을지 걱정하며 치열한 눈치싸움이 일어난다. 겉으로는 아무렇지 않은 척하지만, 속은 초조함과 불안에 동동거리고 있다. 이런 순간 담임선생님의 표정은 딱딱하게 굳어 있다. 안 그래도 긴장해 있는 아이들이 만난 것은 우정과 환대가 아닌 수직적 힘의 논리이다. 이런 분위기에서는 친구들의 호감, 인맥의 넓이, 재미있는 말투와 행동, 큰 목소리, 나이, 자리 위치 등 모든 요소가 힘의 우열로 변환된다. 협력적인 분위기에서 다양성은 관계를 풍요롭게 만드는 힘이지만, 파워게임을 하는 분위기에서는 누군가보다 우위를 점해야 하는 위계적 힘만 남는다. 안위를 경쟁해야 하는 구조에서는 자신(혹은 나라고 여기는 또래집단)을 보호하고자 만인이 '힘겨루기'를 시작한다.

이런 힘겨루기는 가르치지 않아도 자연스럽게 배운다. 일찌감치 경쟁에 노출된 아이들의 영혼은 생존을 위해 낮이고 밤이고 보초경계를 서고 있다. 자신을 보호하고 싶다는 지당한 욕구가 습관적인 힘겨루기의 형태를 띠게 되는 것이다. 그 힘겨루기의 대상이 친구일 수도 있고, 선생님일 수도 있고, 양육자가 될 수도 있다. 힘을 사용하는 아이를 힘으로 억누르려 하거나, 이간질과 뒷담화로 친구들의 호감을 차지하고 싶어 하는 아이에게 '쟤랑 놀지 마'라는 분리의 방식은 문제행동을 채우지 못한다. 그것은 그저 문제를 다른 곳에다 옮겨 쌓는 꼴이다.

힘의 논리에 익숙한 아이는 힘을 가진 사람에게만 고분고분하고, (억압적) 힘이 없는 사람 앞에서는 더 폭력적으로 행동하거나 무시한다. 갈등풍선의 바람을 빼는 근본적 해결이 아니라 눈에 보이는 부분을 눌러놓아 보이지 않는 다른 곳을 더 빵빵하게 부풀리는 결과를 만든다. 파워게임의 법칙으로 맺는 관계는 그렇다. 평화놀이 수업으로 만나는 아이 중 유독 관계 맺기 힘들고 오래 걸리는 유형이 있는데, 바로 '힘, power'이라는 안경을 쓰고 세상을 보는 아이들이다. 힘의 논리에 익숙한 아이들에게 똑같은 방식으로 대응하는 건 가장 지양해야 할 방법이다.

학급에 들어가 서클로 둘러앉아서 1~2회 정도 대화를 나눠보면 그 반 아이들이 맺고 있는 관계의 역동이 고스란히 드러난다. 평상시에 아이들이 존중받고 대화가 많이 오가는 반은 경청을 강조하지 않아도 서로 이야기를 잘 들어준다. 반면 힘으로 눌려있던 반 아이들은 처음엔 아주 순응적인 모습을 보이다가 이내 곧 난장판을 만든다. 후자 쪽 반에서는 진행자가 강압적인 힘을 쓰지 않는다는 걸 알아챈 순간 짓눌려있던 장난기와 말썽이 걷잡을 수 없이 드러난다. 수업 중간중간에 옆 친구를 일부러 툭툭 치거나, 진행에 집중하지 않고 수다를 떨거나, 아예 원 밖으로 나가서 딴청을 부리다가 심지어 잠드는 녀석도 있다. 진행자들의 인내를 시험하는 시간이 온다.

이때 그 아이는 꾸지람을 듣거나, 무관심, 혹은 부드럽게 자신의 비위를 맞춰주는 반응을 기대했을 것이다. 보이지 않는 힘겨루기가 시작되는 순간이다. 그때 주로 선택하는 방식은 잠시,

침묵…

침묵하는 시간을 통해 지금 무슨 일이 일어나고 있는지를 환기하고, 그것을 보는 진행자의 마음은 어떤지 먼저 이야기해본다. 그리고 수업에 방해가 가지 않는 선에서 아이에게 기회를 준다, 어떤 마음에서 그렇게 행동하는 것인지를 묻고, 스스로 어떻게 하고 싶은지 선택하게 한다. 그리고 충분히,

기다린다.

그러면 그 아이는 처음엔 쭈뼛대면서 할 말을 찾다가 머쓱한 태도로 슬며시 원안에 들어온다. 아이의 무안함을 지그시 감싸주면서 진행자는 눈빛과 태도와 몸의 에너지로 파워게임에 참여하지 않겠다는 것을 증명해주어야 한다.

어릴수록 아이들은 가정에서 경험한 관계 맺기의 방식을 학교로 고스란히 가져온다. 평소에 쌍방향소통을 한 아이는 부드럽게 부탁해도 상대방의 기분을 고려해 자신을 조절한다. 반면에 엄하게 말하지

않으면 선생님의 말씀을 무시하거나 빈정거리는 말투로 되받아치는 아이들이 있다. 상대방이 욕하거나 건드렸다는 이유만으로 대뜸 때리는 것이 정당한 대처였다고 생각하는 아이들도 있다. 그런 아이들 곁에는 대개 엄하고 억압적으로 관계를 맺는 (심지어 매질하는) 양육자가 있다. 말귀를 알아듣지 못하면 매로 다스려야 한다는 믿음이 파워게임의 세계관을 아이들에게 가르친 것이다.

물론 타인에게 손해를 끼치는 행동은 단호하게 훈육해야 한다. 하지만 억압은 곤란하다. 임하는 자세가 임하는 장을 만든다. 단호함과 억압은 전혀 다른 장을 만든다. 단호함은 설득의 태도이지만, 억압은 대결의 방식일 뿐이라서 대화가 오가야 할 탁자 위에서 스파링이 벌어진다. 억압적인 훈육은 응당 역효과를 가져오게 돼 있다. 실수하거나 잘못했을 때 혼나기만 한 아이는 책임을 회피하기 위해 버릇처럼 거짓말을 하거나 주눅이 들어 자존감이 떨어지는 소심한 아이로 자란다. 그리고 회피하고 억눌린 마음은 분풀이할 다른 약한 상대를 찾게 마련이다. 억압적 훈육은 아이들을 파워게임에 길들이고 당장 눈앞에서 고분고분해진 것처럼 보이는 아이들은 예상치 못한 곳에서 더 큰 문제를 터뜨린다.

체벌은 가장 명백한 파워게임의 사례이다. 몸에 대한 감각이 싹트는 시기에 이뤄진 체벌은 자신의 몸에 대한 통제력을 신뢰하지 않게 만든다. 자신보다 더 큰 힘에 물리적으로 압도되는 경험을 한 아이들의 반응은 흔히 세 가지다. 자신을 탓하거나, 자극에 무감각해지거나, 격정적으로 대항하는 것이다. 그 어느 것도 내면의 진심으로 연결되지 않는다. 아이들은 어른에게 신뢰 대신 공포를 느낀다. 물론 어른들도 나름의 이유가 있을지 모른다. 따끔하게 가르치는 게 아이를 위한 길이라 여겼거나 그 문제가 자신의 탓인 것만 같아 슬프고 답답한 마음을 무심코 아이에게 전가했을 수도 있다. 지친 일상을 간신히 버티고 있는데 아이들이 준 자극 하나로 이성의 끈이 툭 하고 끊어졌을 수도 있다. 하지만 아이들은 그런 형편을 참작하며 학습하지 않는다. 아이들은 보이는 그대로 세상을 요약, 흡수한다. 완력의 서열이 곧 질서인 세상. 강한 사람에게는 약하고, 약한 사람 앞에서 강하게 나가는 태도를 내면화한다. 힘이 없다고 판단되는 어른, 부드럽게 존중해주는 친구나 어른을 무시하고 업신여긴다. 힘의 잣대로 굴복할지, 싸워 이길지의 이분법 안에서 길을 찾느라 아이의 세상은 납작해진다. 청소년기에 학교에서 힘으로 유세깨나 부리던 아이들이 성인이 되어 사회생활에 적응하지 못하는 이유가 여기에 있다. 파워게임에 길든 아이들은 이기거나 지는 길 외에 다른 모든 길이 낯설어 가지 않는다.

폭력은 자석처럼 폭력을 끌어당긴다. 폭력을 부르는 자극에 폭력을 연결하지 않고, 그 그물을 버리고 새 프레임을 짜는 일이 절실하다. 내가 아이를 억압적인 힘으로 가르치고 있다면 내 아이 역시 또 다른 누군가를 같은 방식으로 대하게 된다는 것을 기억해야 한다. 폭력의 프레임을 벗어나는 첫걸음은 대화이다. 아이들이 평화로운 인간관계에서 진정 자유롭고 행복한 삶을 살아가길 원한다면 아이들과 손을 잡고 눈을 맞춘 채 대화해야 한다. 강압적인 힘을 사용하지 않고도 소통할 수 있는 경험을 아이들에게, 그리고 어른 스스로에게도 선물해야 한다. 대화를 반복할수록 어른들의 마음도 평화로워진다. 딱딱하게 굳어 화를 내는 것보다 여유롭게 미소를 품은 얼굴이 거울 속에서도 더 사랑스럽지 않은가?

> "권력은 외부에서 내부로 작용하지만
> 권위는 내부에서 외부로 뻗어 나간다."

> "내가 나의 정체성과 성실성을 회복하고
> 나의 자아의식과 소명의식을 기억한다면
> 권위는 저절로 찾아온다."

-파커 J. 파머

내가 더 커!
내가 더 세!

7. 생존전략 : 구별짓기와 편 가르기

농경문화가 시작되고, 언어가 생기고, 혈연, 지연, 혹은 종교라는 상징적 제의를 통해 다양한 사람들이 커다란 틀로 묶이면서 인류는 '사회'를 이루어 살게 되었다. 다양한 사람들이 모여 살수록 소통 과정에서 갈등이 발생하는데, 질서를 필요로 할 때 사회는 중심부에 권력을 두고 주변을 끌어모은다. 그 권력은 필연적으로 또 다른 갈등을 일으킨다. 통치 권력을 둘러싼 정치적 갈등뿐만 아니라 그 권력의 주변부로 밀려나지 않기 위한 각종 사회적 인정 투쟁이 그것이다. 사람들은 공동체에서 배제되지 않기 위해 무리 속의 공통점을 유난히 강조한다, 혈통, 출신 지역, 나이, 언어, 민족, 국가 혹은 소소한 취향에 이르기까지 모종의 소속감을 찾는다. 그것이 '나'라는 존재를 보장해 주고, '나'라는 실체를 가시적으로 증명해주기 때문이다. 내부의 소속감은 외부를 철저히 타자화시키는 것으로도 다져진다. 서양인들이 무의식 속에서 동양을 끝끝내 구분 지으려는 오리엔탈리즘 역시 같은 맥락이다.

구분은 내부와 외부를 만든다. 누군가 내부에 소속된다는 것은 누군가를 외부로 쫓아내거나 고립시킨다는 의미이기도 하다. 소속감은 내부를 옹호하는 동시에 외부를 가치절하 하는데, '좋은' 학교는 어딘가에 '나쁜' 학교를 만들고, '정상'이라는 말은 '비정상'이라는 말을 잉태하는 식이다. 이렇게 '구별 짓기'는 폭력의 얼굴을 감춘 채 내부 이미지를 상대적으로 강화한다.

학교라는 집단에서도 구별 짓기는 소속감을 강화하는 하나의 폭력적 생존전략이다. 아이들은 유명브랜드의 외투를 입고, 상급학년에 있는 인맥을 과시하고, 어떤 이름의 아파트에 사느냐에 따라 구별 짓기를 한다. 구별 당한 아이들은 무리의 꽁무니에 매달리기 위해서라도 자기보다 불리한 아이들을 더욱 매섭게 내몬다. 혹자는 이렇게 말한다. '아이들이 나름의 개성을 표현하기 위해 특정 브랜드의 옷을 입는 것'이라고 말이다. 하지만 아이들은 브랜드의 개성이 아니라 무리의 특정한 우월함에 의탁하기 위해 구별 짓는다. 구분과 소외가 일어나는 문화에서 취향은 가치중립적일 수 없다. 이는 학교라는 공동체 자체가 안전한 소속감을 주지 않는다는 사실을 방증한다. 다름을 동등한 가치로 존중하며, 수평적으로 어울릴 수 있는 분위기가 만들어지지 않은 것이다.

편가르기도 비슷하다. 학교폭력의 대표적 사례인 '뒷담화'는 손쉬운 편가르기 전략인데, 내집단의 호의적인 동조를 확인하고 비난 대상보다 우위에서 자기 만족감을 다지는 방법이다. 아이들은 어릴 때부터 어른들을 통해 뒷담화하는 문화를 당연한 일상으로 경험한다. 삼삼오오 모여 누군가를 은밀히 험담하거나, 동네의 풍문을 경쟁적으로 속삭이며 편을 먹는 어른들을 자주 목격한다. 그러다 모임에서 소외되지 않기 위해 없는 흉도 만들어 입길에 올리는 어른들도 종종 보게 된다. 말로는 아무리 나쁘다고 하지 말라고 아이들에게 가르친들 실제 어른들에게 뒷담화란 열띤 성인 스포츠다.

들으면 씁쓸한 웃음이 나오는 이야기가 있다. 학부모 모임에 나가지 않는 분들의 다수가 '가십으로 남을 흉보는 분위기'에 끼고 싶지 않기 때문이라는 것이다. 함께 차를 마시러 갔다가 혹시 잠시 자리를 비운 사이에 험담의 주인공이 될까 봐 소변도 참아야 했던 경우도 우습지만, 왕왕 있다고 들었다. 험담을 화제로 맺는 관계 안에서 소속감은 어떤 모양을 하고 있을까? 길티플레져일까, 공범의식일까, 악취미를 나누는 저열한 공감대일까. 험담을 공유하면서 만든 편은 쉽게 깨진다. 그를 험담한 사람이 나를 험담하지 않으리라 확신할 수 없기 때문이다. 그런데도 관성적인 뒷담화로 편을 갈라 친분을 다지려는 시도는 계속된다. 그 시도가 언젠가는 실패하리라는 불안을 모종의 스릴과 서스펜스라고 착각하면서 말이다.

'여왕의 교실'이라는 드라마를 보면 이런 생존전략이 더 적나라하게 나온다. 공동체에서 낙오되지 않기 위해 끊임없이 타자를 만들어내는 방식이다. 구분 짓고, 따돌리고, 뒷담화로 내 편을 강화한다. 결말에 가서는 아이들이 하나의 팀을 이루는 눈물겨운 이야기로 끝을 맺지만, 어른이 스스로 타자의 자리로 물러났기에 가능한 일이었다. 드라마는 불안정한 경쟁 사회의 구조를 바꾸거나 협력적으로 대응하기보다 아이들 개개인이 경쟁과 폭력에 단련되어 생존하는 것을 대안으로 제시한다. 구조는 흔들지 않으면서 폭력을 삶의 진실이라 인정하게 만들고, 그 안에서 개개인은 폭력의 입자로 복무한다.

단호하게 말하자면, 폭력은 인간의 본성이 아니다. 존재를 확신하지 못해 어디라도 기대고자 하는 나약한 몸부림이다. 얼마나 불안했을지, 얼마나 힘들고 절망스러웠을지, 자신을 보호하기 위해 내지르는 누군가의 처절한 비명을 떠올려본다. 인간은 오히려 협력과 소통을 통해 더 성장하고 창의적인 결과물을 내놓을 수 있다.[1] 폭력은 명백히 학습의 결과물이다.

8. 패패^{2}의 습관

슬로베니아 농부에 관한 일화이다.

마녀가 농부를 찾아와 두 가지 선택권을 준다. 하나는, 농부에게 소 한 마리를 주고 이웃 사람에게 소 두 마리를 주는 선택이다. 그리고 또 하나는 농부에게서 소 한 마리를 뺏고 이웃 사람에게서 소 두 마리를 빼앗는 선택이다. 농부가 이득을 택하면 이웃은 두 배의 이득, 손해를 택하면 이웃은 두 배의 손해를 받는다는 것을 뜻한다. 농부는 어떤 선택을 할까? 마녀의 이야기가 끝나자마자 농부는 즉시, 두 번째 조건을 선택한다.

만약 같은 질문을 받는다면 우리는 어떤 선택을 하게 될까? 이성적으로는 첫 번째 조건을 선택할 것으로 생각한다. 이웃이 두 배를 받는 것과는 별개로 나에게 소 한 마리라는 이득이 생기기 때문이다. 그런데 농부는 왜 전자를 선택하지 않은 걸까. 어리석어 보이는 두 번째 조건을 선택한 농부는 어떤 마음이었을까. 그리고 그 이웃과는 어떤 일이 있었을까. 이전에 어떤 일이 있었을지 호기심이 생긴다.

학교폭력을 다루는 과정에서도 어리석은 농부의 선택과 같은 일이 일어난다. 학교폭력이 신고된 이후 학교장제에서 처리할 수 있는 사안이 교육청 심의위원회까지 넘어오는 경우가 종종 있는데, 그 중심에는 가해 학생에게 강력한 처벌이 내려지길 주장하는 피해 학생, 혹은 보호자가 있다. 피해자의 피해 회복과 직접 관련도 없고, 구체적인 이득이 생기는 것도 아니며, 오히려 더 번거로운 절차를 밟아야 하는데도 말이다. 그 피해 쪽의 마음에는 피해를 인정하지 않으려는 가해 학생에 대한 분노가 있었다.

우리가 질문해야 할 것은 이 지점이다. 분노와 억울함이라는 마음의 작용을 학교폭력에서 어떻게 다뤄야 할 것인가? 우리는 어떻게 해야 처벌보다 회복에 집중할 수 있을까?

분명한 것은 이런 마음의 습관은 하루 이틀 만에 만들어진 것이 아니라는 점이다. 이런 마음은 반복되는 경험과 판단에서 비롯되는데, 많은 갈등상황을 통과하면서 제대로 된 '피해회복'을 경험하지 못한 점이 가장 첫 번째 이유일 것이다. 어릴 때 사소한 말다툼으로 싸움이 일어났을 때 '잘잘못'부터 가리는 문화에서는 피해회복이 충분히 이뤄지지 않는다. 누가 잘못했느냐의 프레임은 잘못한 사람이 누군지를 밝혀내는 데 그치기 때문에 상대적으로 피해당한 아이를 돌보는 일에 집중하지 못한다. 잘잘못이 가려진다고 저절로 원상복구가 이루어지는 것은 아니므로 이 아이는 갈등이 생겨 피해를 볼 때마다 '아, 내가 받은 피해는 중요하지 않구나.'라는 판단을 내린다. 피해회복은 항상 뒷전으로 미뤄지거나 아예 다뤄지지 않기 때문이다. 가만히 기다리는 것은 늘 도움이 되지 않는다. 피해를 피력하기 위해 더 강한 피해 주장뿐만 아니라 가해 아이에 대한 도덕성, 인성을 문제 삼으며 처벌을 요구한다. 그런데도 피해자의 고통과 진심을 제대로 전달하지 못한다면 단절과 분리를 통한 고통을 똑같이 맛보도록 하는 식으로 방향을 바꾼다.

두 번째는 갈등을 대면하고 해결할 수 있는 다양한 선택지를 경험해 보지 않았기 때문이다. 우리는 처벌 외에도 대화나 타협, 중재자의 개입 등 다양한 방식들을 가지고 있다. 물론 다양한 방식이 있다 하더라도 그 선택지가 실질적인 도움이 안 되는 방식으로 작동되는 경우가 생길 수 있다. 하지만 '잘못에는 처벌이 능사'라는 공식이 머릿속에 박힌 채로 대안에 소홀히 한다면 인간은 강제적 구금, 신체적 고통, 심리적 압박이나 사회적 관계에서 고립과 같은 처벌을 통하지 않고서는 잘못을 스스로 인정하지 않는다는 신념이 강화되고 심지어 '처벌과 고통 주기'가 인간의 본성이라고 믿는 지경까지 이르게 된다. 실제 처벌의 효과가 자기 책임에 대한 인정으로 이어지지 않음에도 처벌과 고통 주기의 방식이 가장 효율적이라고 굳게 믿는다.

세 번째는 인간관계를 작동시키는 일이 이해와 존중이 아닌 '파워게임'이라는 것을 학습했을 때이다. 파워게임은 모든 상황을 '이기거나 지는' 단순한 이분법으로 구분한다. 학급을 강압적으로 통제하는 담임선생님이 있는 반은 겉보기에 정숙해 보이지만, 아이들은 오직 힘의 균형을 유지하는 데 서로의 억지력을 발휘하느라 여념이 없다. '이기는' 성원과 '지는' 성원으로 이루어진 파워게임의 장. 이분법의 틀 속에서 자연히 '피해'는 약자의 것, '가해'는 강자의 것이라는 구도가 만들어지고, 약자는 유일한 무기로써 '강력한 처벌'이라는 단축키를 누르고자 한다.

이런 과정을 경험하고 가까운 사례를 목격하면서 아이들은 갈등의 피해자가 되었을 때 맞설 방법은 강한 처벌뿐이라고 '믿게' 된다. 이 믿음은 그 누구도 만족시키긴커녕 서로 조금씩 양보하는 것보다 모두가 완벽히 지는 방식인 패패의 습관을 쌓아 나간다.

심리학자 콜버그는 도덕적인 단계를 총 6단계로 구분하고 두 단계씩을 세 가지 층위로 묶어 전인습, 인습, 후인습적 수준으로 구분한 바 있다. 먼저 1단계는 처벌 회피가 주된 동기가 되는 '복종과 처벌지향' 단계, 2단계는 자기 이익 추구를 위한 '도구적 공리적 지향'의 단계라고 한다. 이 두 단계를 전인습적인 수준이라 일컫는다. 3단계는 인정욕구에 기반한 '착한아이 지향'의 단계, 4단계는 사회적 공익을 위한 '사회질서 지향'의 단계다. 3, 4단계를 인습적인 수준이라 말한다. 5단계는 많은 사람의 복지와 행복을 추구하는 '사회 계약적 지향'의 단계이고, 6단계는 모든 사람의 입장을 고려해 동의할 수 있는 수준인 '보편적인 윤리원칙지향'의 단계라고 한다. 5, 6단계는 후인습적인 수준이다.

　　현재의 학교폭력예방법은 어느 단계에 서서 움직이고 있는가? 파워게임을 기반으로 한 복종과 처벌지향의 1차원적 수준에 그친다는 것이 자명하지 않은가? 전인습적인 수준의 대응방식만 증명하며 그것이 '상식'이라고 말하고 있지는 않은가? 기존 프레임에서 벗어나는 일의 어려움은 그저 관성 때문인 걸까? 파워게임에 기대지 않고, 평등하고 협력적으로 작동될 수 있는 학급 문화는 어떻게 만들어가야 할까.

9. 낯선 '대화'

유년기 가족들이 둘러앉은 식탁에서는 밥상머리 교육의 일환으로서 '밥 먹을 때 말을 삼가야'하는 엄한 불문율이 있었다. 식사 때 입으로는 음식만 드나들어야지 대화가 오가는 것을 일절 금했다. 당시 말수가 적던 내게는 한편 다행이었다. 고개를 숙이고 내 밥만 먹으면 됐었으니까. 태생이 그러했는지 갈수록 대화라는 게 불편해 일부러 꺼리기도 했다. 그렇게 의도적으로 대화를 택하지 않은 시절을 지나왔더니 사회생활을 시작하면서는 정작 하고 싶은 말이 있어도 삼키던 때가 많았다. 어른들과 만날 때면 말로 설명할 수 없는 위압적인 분위기에서 내 말은 저절로 잘려나갔다. 어떤 어른은 나의 젊음을 어여뻐하되, 젊기에 할 수 있는 말들은 골라서 싫어했다. 어른들과 진심 어린 대화는 '불가능'하다는 확신을 점점 굳히고 있었다. 이미 나와 비슷한 생각을 하고 있거나 내 또래가 아니고서는 우정 어린 대화라는 건 요원하다고 말이다.

한국은 대화를 달가워하지 않는 유교권 문화습관이 여전하다. 종교로서 유교는 유명무실해진 지 오래건만 일상 곳곳에 범절로 틈틈이 박혀 있어 세대 갈등이나 지역주의, 패거리 문화의 줄기를 이루고 있는 게 사실이다. 동양권의 문화가 대체로 그러하듯이 유교 문화 역시 공동체성을 기반으로 한다. 서구의 개인주의와 달리 공동체주의는 개인에 대한 존중보다는 공동체의 질서유지를 우선한다. 심지어 공동체를 성장시킬 수 있는 길조차 당장 안정을 뒤흔든다면 도외시한다. 따라서 공동체주의는 진보적이기보다는 보수적 선택을 할 가능성이 커지고 차이를 존중하기보다는 유사점을 강화하는 방식의 분위기를 형성한다.

유교적 공동체주의는 위계와 서열에 따른 수직적 질서로 안정을 도모한다. 다양한 소통이 오가는 수평적이고 협력적인 의사결정 구조는 불편하고 불필요한 과정으로 취급되며 위계적 구조의 일방적인 지시와 하달은 편리하고 일사불란하게 보인다.

공동체주의 문화에서 대화는 어떻게 가능할까? 대화는 권력을 분산시킨다. 대화한다는 것은 새로운 관점을 환대하고, 공동체 내의 권력이 끊임없이 흐르도록 허용한다. 이런 변화가 두려운 사람들은 대화를 거북해하고 대화가 형식으로만 남도록 만든다. '너 몇 살이야!'라고 서열을 들먹이거나 '어디 어른한테 말대꾸냐!'며 엄포를 놓고 '어린 게 뭘 안다고'라며 철벽을 친다.

'대화'는 젠더적인 은어로도 치부된다. 대화는 여성들이 카페에서 나누는 수다 내지는 나이 어린 이들끼리 휴대폰으로 주고받는 신변잡사와 농담을 일컫기에 십상이다. 그것은 여성성을 바탕으로 벌어지는 여가선용이자 남성들이 스스로 체면을 위해 여성에게 양보한 명목상의 특권이다. 그래서 역으로 대화에 끼지 않는 여성은 '무성적인 존재'가 되거나 '남자 같다.'라고 평가받고 카페에 가서 대화를 나누는 남성은 '여성적'이라 놀린다. 이런 놀림을 피해 남성들은 술이나 담배라는 매개 없이 대화를 나누길 힘들어한다.

대화의 내용이 어떠하냐에 따라 젠더적 편견이 강화되기도 한다. 여성들의 대화는 '뒷담화'로 취급되어 여성은 본디 시기와 질투를 가진 존재로 '표상'되고, 남성들의 대화는 '생산적인 업무'를 보조하고 '사회생활'을 잘하기 위한 과정으로 그 효용성을 인정받는다. 같은 대화라 하더라도 여성과 남성들의 대화에 대한 이중적인 시선이 생긴다. 이런 편견이 대화를 검열한다.

유교의 잔재와 젠더의 편견이 입혀진 대화는 경직된 문화로 자리 잡아 아이들의 자유로운 표현과 소통을 낯설게 한다. 요즘 아이들의 당찬 표현능력은 이런 문화에서 많이 벗어난 것 같은 착시효과를 주지만, 사실 대다수 아이가 문제의식을 자각하지 못하는 상태라고 보는 게 정확한 진단일 것이다. 아이들은 대화라는 건 응당 일방적이고, 지시적이고, 남성적 대화처럼 도구적이고, 여성적 대화처럼 약한 것으로 이해한다.

발달한 인터넷환경으로 인한 비대면 문화는 진심 어린 대화를 더 낯설게 한다. SNS를 비롯한 다각적인 소통형태는 언뜻 대화를 더 풍성하게 만드는 문화인 것처럼 보인다. 하지만 비대면 문화에서의 대화는 이야기를 꺼낸다기보다는 불특정 다수에게 보이고 싶은 자신의 이미지를 전시하고 인정과 승인으로 타인에게 주도권을 내어주는 것이라 볼 수 있다. 불특정 다수에 노출되거나 익명성 뒤로 숨어버리기 쉬운 인터넷환경에서는 상호 대화가 아닌 독백 혹은 관음이 될 가능성이 크다.

대화 구조 역시 대화의 질에 영향을 미친다. 문자나 단체카톡방에서 소통할 경우 아이들은 문장이 아니라 낱말로 끊어서 대화한다. 긴 문장을 보내면 '진지충'이나 '설명충'이라 조롱받기 일쑤라 가능한 한 짧게 축약한 단어들을 늘어놓는다. 대부분 단순한 정보전달과 즉각적인 반응들이다. 그러다 보니 맥락 없는 말풍선의 틈을 타고 오해가 끼어들고, 말하는 사람의 의도를 확인하기도 전에 빠르게 올라간 대화 내용은 정보수신자의 주관적 의도대로 곡해되면서 이해의 차이를 벌린다. 이런 사소한 차이들이 갈등을 만들어낸다. 아이들이 일상적으로 경험하는 대화는 상호 소통이라기보다는 일방적인 감정배설에 가깝고, 다양성을 허용하기보다는 폐쇄적인 내집단을 강화하기 위한 도구로 사용된다.

결국, 우리가 일상적으로 하는 것은 대화가 아니라 일방적인 감정배설, 일방적 주장, 설득과 설명, 강압하기 그 이상도 이하도 아니다. 말하는 사람은 가득한데 듣는 사람은 없는 기이한 대화가 된다. 진심을 주고받는 대화의 깊은 맛을 보지 못한 채 어른이 된 아이들은 상대의 호의를 상상하지 못해 긴장하고 때때로 자신을 비난하며, 자조적인 매개(술, 담배)를 동반하지 않고는 속내를 털어놓지 못하는 안쓰러운 어른이 된다. 아이들에게 필요한 것은 서로가 평등하게 다양성을 존중하는 대화를 일상적으로 경험하는 일이다. 처음엔 눈을 마주하는 것이 머쓱하고, 말로 자신의 진심을 전달하는 것이 생경하겠지만, 그 너머에는 자유롭게 헤엄칠 수 있는 환대의 바다가 있다. 어느 방향으로, 얼마나 걸어야 하는지 알기 위해서는 누군가의 도움이 꼭 필요하다. 반복되는 대화의 과정에서 나중엔 혼자서도 그 바다를 찾아갈 수 있게 되고, 그 아이는 또 다른 아이의 인도자가 될 수 있다.

대화
그래 이 맛이야!

3부. '싹'둑 : 어른들의 실수를 짊어진 아이들

앞에서 구조적이고 문화적인 환경조건과 아이들의 마음 상태에 대한 이해에 기반해 학교폭력이 자랄 수 있는 배경을 살펴봤다. 땅에서 자라난 싹이 숲을 살리는 나무가 될지 주변 나무를 죽이는 칡넝쿨이 될지 어떻게 알 수 있을까? 또 어떤 싹을 잘라야 하는 걸까?

3부에서는 자칫 모르고 지나는 학교폭력의 싹이 무엇인지 보고자 한다. 어른들이 못 보고 지나치거나 제풀에 지쳐 없어질 것이라 내버려 두거나 혹은 자기도 모르게 실수로 남겨놓은 싹들이 있다. 어른들은 그 싹을 구별해내는 감각을 가지고 관계에 개입해 학교폭력의 싹을 자르려고 한다. 언제, 그리고 어떻게 개입해야 좋을지 타이밍을 잡는 것도 중요하다. 하지만 무엇보다 어른들의 선한 의도와 개입이 실수가 되어 폭력의 싹이 커지는 경우가 있다. 아이들에게 짐을 지우지 않기 위한 길들을 찾아가려 한다.

모든 사람은 실수한다. 실수는 비난받을 일이 아니고 처벌받아야 하는 죄가 아니다. 실수는 성장하기 위해 필수적으로 거쳐야 할 과정이다. 어른도 마찬가지다. 진정한 어른이 되기 위한 성장의 과정에 실수는 필연적이고, 우리가 여전히 배울 것이 남아있다는 증거다. 가장 경계해야 할 것은 실수 그 자체보다 실수를 책임지지 않고 회피하는 것이다. 자기 세대가 무심코 저지른 실수의 책임을 있는 힘껏 지어야, 아이들이 그 짐을 대신 짊어지지 않을 수 있다.

아이들의 잘못을 아이들이 스스로 책임지는 힘을 길러주기 위해서는, 아이들 몫으로 미뤄뒀던 어른들의 짐을 가져와야 한다. 무심한 듯 시크하게 "너희 짐 중에 내 몫도 있으니 내놔 봐."라고 한다면 아이들은 어떤 눈으로 바라볼까. 용기를 낸 어른들에게 아이들이 어떤 변화를 보여줄지 기대된다.

10. 오래된 습관 : 잘잘못에 집중하기

이랑이는 서럽다. 이모에게 선물 받은 자동차 장난감을 경민이가 허락도 없이 가져가 돌려주지 않는다. 돌려달라고 얘기도 해봤지만, 경민이는 들은 체도 안 한다. 한 번 더 이야기했더니 갑자기 이랑이의 얼굴에 경민이의 주먹이 날아왔다. 맞은 얼굴이 빨개졌다. '이게, 뭐지?' 갑자기 날아든 주먹에 당황스럽고, 화가 나고, 억울하다. 무엇보다, 아프다. 머릿속에서 이런 마음들이 뭉게뭉게 뭉쳐져서 검은 먹구름이 되더니 눈물이 되어 쏟아진다. 놀이터 벤치 한쪽에 앉아 있던 엄마에게 달려갔다.

"엄마아아, 아아아앙, 내…. 흑흑 자동차…. 으윽 아아아앙"

그랬더니 엄마는 "어머! 왜 그래?"하며 득달같이 달려와 이랑이의 얼굴을 붙들고 이리저리 살핀다. "누구야? 왜이랬어? 어쩌다 그랬어?" 질문이 쏟아진다. 어떤 질문에 먼저 답해야 하나. 입은 우느라 바쁘고 눈은 눈물을 흘리느라 바쁘다. 망설이던 이랑이는 손끝으로 경민이를 가리킨다. 그러자마자 뒤돌아 성큼성큼 걸음을 떼는 엄마의 등이 보인다.

갈등이 시작되고, 증폭되고, 강화되는 모든 순간에는 잘잘못을 따지는 어른의 매서운 눈이 있다. 아이들은 갈등이 생겼을 때 잘했는지 잘못했는지보다 속상한 마음을 누군가 알아주는 것을 더 원한다. 하지만 갈등이 생겨서 어른들을 찾아 하소연하면 대뜸 심문부터 당한다. 자신이 겪은 상황을 차분히 설명할 수 없기에 가장 자신 있게 꺼낼 수 있는 대답은 '누가' 그랬는지 뿐이다. 그러면 그 어른은 당장 상대 아이에게 달려간다. 아이를 보호하려는 어른의 선한 의도와는 달리 아이는 자신에게서 멀어져가는 등을 보며 걱정이 앞서고 속상한 마음을 삼키게 된다. 이랑이는 마음을 잘 들어 주면 그다음은 스스로 해결할 힘을 얻게 되는데, 상대 아이를 혼내며 문제를 해결하려는 어른의 행동에 아이는 불안해지기 시작한다. 괜히 이야기했다가 친구 관계가 깨져버릴까 걱정하게 되고 친구의 눈치를 나도 모르게 보게 된다. 이랑이가 원한 것은 속상한 마음을 알아주는 것과 장난감을 되돌려받는 일, 이런 일이 반복되지 않는 것이다. 상대 아이가 혼나고 울면서 자신을 원망하길 바라는 건 결코 아니다. 일이 더 커져서 어른들의 싸움이 되어 모든 게 자기 탓인 것 같은 죄책감을 느끼고 싶었던 것은 더더욱 아니다. 혼이 난 상대 아이는 자신보다 몇 배 큰 어른의 크고 높은 목소리에 압도되어 주눅이 들고, 혼났다는 수치심과 억울함을 갖게 된다. 어른들 앞에서는 '죄송합니다'를 말하는 친구가 언제 자신에게 앙갚음하게 될지 몰라 조마조마하다. 그리고 이것은 어떤 계기에 의해 또 다른 갈등의 씨앗이 된다.

겉으로는 장난감을 돌려받아 문제가 해결된 것처럼 보일지 모른다. 하지만 아이들의 마음속에는 감정의 찌꺼기가 남는다. 그 찌꺼기는 마음 한구석을 곪게 한다.

갈등을 다루면서 마주하는 가장 어려운 도전은 '옳고 그름의 상자를 벗어나는 일'이다. 옳고 그름을 판단하는 일은 아주 어릴 적부터 '사실'의 세계에 적응하기 위해 노력한 결과라 그 습관을 버리는 게 쉬운 일은 아니다. 그러나 매번 느끼는 것은 옳고 그름의 늪에 빠지면 입장의 항변으로 허우적대기 쉽고, 소중한 진심이 더 깊이 파묻혀버린다는 사실이다. 흔히들 문제해결의 첫걸음으로 갈등상황에 대한 객관적인 사실을 빠짐없이 알고 당사자의 잘못을 공정한 눈으로 판단하는 제삼자가 있어야 한다고 생각한다. 그러나 잘잘못의 늪에 빠지는 순간 두 사람의 관계도 늪에 같이 빠진다. 대체로 이 과정에서 자신의 마음보다는 자신을 방어할 객관적 정보수집에 몰두하게 된다. 옳고 그름의 프레임은 승부를 겨루어 상대를 패배시키지 않으면 내가 패배하게 되는 지독한 이분법이기 때문이다. 따라서 갈등을 성장의 기회로 삼는 것이 아니라 이기고 지는 게임으로 만드는 그 해결 과정은 적자생존의 판세를 닮아버린다. 옳고 그름을 잽싸게 판단해서 자신의 처지를 논리적으로 방어하고 상대를 효과적으로 공격하는 것만이 갈등에서 살아남는 방법이라 여기게 되고 아이들은 관계 맺는 법을 이렇게 학습할 수밖에 없다. 그러나 애석하게도 현실 세계에서는 옳고 그름의 프레임이 세게 작동하면 할수록 관계는 회복이 아니라 단절을 완성한다.

옳고 그름을 넘어서자는 말은 잘잘못을 따지지 말고 상황을 뭉뚱그려 '좋은 게 좋은 거'라고 넘어가자는 뜻이 아니다. 갈등과 피해의 사실을 무지로 뒤덮어 버리자는 말은 더더욱 아니다. 갈등 당사자의 행동을 '가치 중립적이고 객관적인 관찰'로 볼 수 있는 상태가 되는 것을 의미한다. 잘잘못이라는 프레임에서 비난의 대상을 찾는 데 몰두하지 않고, 함께 발을 디딜 수 있는 단단한 공공의 이해 발판을 마련해 주어야 한다. 잘잘못의 프레임에서는 자기 정당성을 찾는 일에만 급급해 서로의 진심을 향하는 귀가 꽉 닫혀버리고 만다. 서로가 동의할 만한 객관적 관찰을 확대해 나가는 것. 그 작은 지점에서 듣고 말하는 선이 이어지고 수많은 선이 그어지면서 이해가 일어나는 대화가 뒤따를 수 있다.

갈등상황을 어떤 그릇에 담느냐에 따라 맛있는 고급 요리가 되기도 하고, 구색만 맞춘 맛없고 무성의한 음식이 되기도 한다. 아이들의 진심과 부드러운 마음은 옳고 그름의 그릇에 담기지 않는다. 옳고 그름의 상자를 벗어나야 진실을 제대로 마주할 수 있다. 시인 루미는 그 마음을 짧은 시에 이렇게 남겼다.

옳고 그름의 생각 너머에 들판이 있다.
그곳에서 당신과 만나고 싶다.

영혼이 그 풀밭에 누우면

세상은 더없이 충만해 말이 필요 없고

생각, 언어, 심지어 '서로'라는 단어조차

그저 무의미할 뿐

옳고 그름의 생각 너머

- 잘랄루딘 루미

11. 수요 없는 공급 : 가르치기

어릴 적 비 갠 시골길을 걷다 보면 곳곳에 달팽이가 보였다. 큰 껍데기를 등에 이고 기어가는 달팽이를 지켜보고 있으면 시공간이 허물어지는 묘한 속도감을 느끼게 된다. 빠른 것도 아니고 느린 것도 아닌 속도. 촉촉한 몸통 끝에 길게 뻗은 눈은(더듬이지만 왠지 눈이라 믿고 싶다) 흐느적거리며 사방을 더듬는다. 장난기가 발동한 나는 달팽이를 집어 올려 그 촉수를 살짝 건드려본다. 그러면 부드러운 촉수는 순식간에 움츠러들어 몸통 속으로 쏙 사라진다. 약간의 시간이 지나면 다시 살금살금 더듬이를 뽑아낸다. 건드리고 움츠러들기를 반복하는 것이 어찌나 재밌는지 한참을 그렇게 놀다 미끌미끌한 배를 한번 쓰다듬고 나서야 달팽이를 풀숲에 내려놓아 주었다.

중재를 배우고 얼마 되지 않아 아이들의 갈등에 개입했던 적이 있다. 나도 모르게 옳고 그름을 판단하는 일에 익숙한 습관의 근육이 튀어나왔다. 아이들은 대화하던 중 조금이라도 잘못된 행동에 대해 가르치거나 조언하려는 뉘앙스가 섞이면 몸을 쏙 집어넣고 입을 닫아버렸다. 달팽이의 더듬이처럼 말이다. 그때마다 아이의 마음과 다시 연결하기 위해 더 큰 에너지와 기다림이 필요했다. 서툴던 나의 성장을 돕기 위해 얼마나 많은 친구가 뒷걸음쳤을지를 생각하면 부끄럽고 몹시 미안해진다. 그때의 부끄러웠던 경험에서 건져 올린 성찰은 '가르침'과 '가리킴'의 차이를 아는 것이었다. 자주 틀리는 맞춤법처럼 우리는 아이들을 섣불리 가르치려 든다. 가르치는 것은 성찰이 일어나는 데 전혀 도움이 되지 않는다. 대화가 잘 연결되었다고 느꼈을 때조차, 호의를 띠고 가볍게 던진 가르침과 조언은 아이와 나의 관계를 허탈하게 잘라내곤 했다. 어른들이 할 수 있는 것은 다만 가리키는 일뿐이다. 관계가 나아가야 할 방향을 슬며시 일러줄 뿐이다.

어른들은 잘 가르치면 아이들이 잘 알아들어 행동을 바꿀 것으로 생각한다. 하지만 자신의 어린 시절을 돌이켜 보면 어정쩡한 어른들의 조언에 입술을 비쭉였던 기억이 있을 게다. 가장 효과 없다는 것을 잘 알면서도 으레 당연한 듯 가르치려 든다. 그런데 언뜻 들으면 이상하다. 어른들이 아이들을 가르치는 게 당연한 것 아닌가? 선생, 먼저 나온 사람으로서 더 많은 경험을 했고 경험치에 근거해 조언하는 것이 그리 이상한 일인가? 아니다. 오해 없길 바란다. 가르치기가 효과가 없다는 말은 '학습'이 아닌 '관계'의 영역에 적용되는 말이며, 시기적으로는 아이들이 더는 조언을 원하지 않을 때 효과가 없다는 것을 말한다.

'아이들은 모른다.'라는 전제부터 첫발을 잘못 내디딘다. 아이들은 이미 직감적으로 자신의 잘못이 무엇인지 알고 있다. 잘못을 지적당하면 괜한 오기를 부리며 인정하지 않거나 심한 자책감을 가지며 내면의 스승을 깊은 어둠에 가둬버린다. 그리고 결정적으로 가르치는 행위는 이미 둘 사이의 불균등한 힘의 관계를 전제하기 때문에 '대화'가 이루어질 수 없다. 아이들은 가르침을 대화가 아닌 일방적인 지시로 받아들일 가능성이 크다. 그 지시를 순순히 받아들여 자신의 잘못을 진심으로 인정하고 사과하는 상황을 기대하긴 어렵다. 앞에서는 들은 척만 하거나 때론 대놓고 불쾌감을 표시하며 입을 닫아버릴 것이다. 슬프게도 우리는 이미 안다. 갈등을 끌어당기는 힘을 가진 아이들은 귀 역시 닫아놓고 있다는 것을 말이다. 가르치기라는 전략은 실패로 돌아가기 마련이다.

아이들에게 필요한 것은 무엇이 옳은지에 대한 가르침이나 조언이 아니라 대화다. 눈높이를 맞추고 오래된 친구를 대하듯 부드럽게 대화에 나와주길 요청해야 한다. 어른들은 아이들의 마음을 비춰주면서 잘 들어주기만 하면 된다. 자신을 지적하고 건드리는 손가락질이 없어지면 아이들은 신통하게도 자기 잘못을 자기 입으로 꺼내게 된다. 아이가 잘못을 스스로 꺼내게 하는 것이야말로 자기 책임을 지게 하는 데 가장 중요한 기술인데, 이 기술은 아이의 것도 중재자의 것도 아니고 대화에 임한 자들이 마주하는 자연스러운 순서일 뿐이다.

물론 자기 잘못을 뻔히 알면서도 괜히 고집을 피우고 어깃장을 놓는 아이들이 있다. 이런 아이들은 어른과 대화하는 것에 대한 신뢰가 없다. 어른들은 답을 이미 정해 놓고 질문하며 입맛에 맞지 않는 대답을 했을 때 받아들이지 않는다는 것을 경험적으로 알고 있기 때문이다. 그들의 고집과 어깃장은 결과이지 원인이 아니며, 자기를 보호하고자 하는 안쓰러운 몸부림이다. 그 아이들은 처음부터 거칠고 폭력적인 아이가 아니었다. 그 아이의 머리에 뿔을 만들어 주고, 눈꼬리를 잡아 올린 것은 주변의 어른들이었을지도 모른다.

예능 프로그램 '유 퀴즈 온 더 블럭'에서 진행자가 어린이 출연자에게 잔소리와 조언의 차이에 대해 질문을 건넨 적이 있다. "잔소리는 왠지 모르게 기분 나쁜데, 충고(조언)는 더 기분 나빠요"라고 어린이는 명쾌하게 답한다. 잔소리든 조언이든 충고든 정도의 차이만 있을 뿐 기분 나쁘기는 매한가지다. 수요 없는 공급은 의미가 없다. 가르치기는 서둘러 상황을 봉합하고픈 어른들의 조급함이며 상대보다 우월함을 확인하는 알량한 잘난 척에 그치고 만다. 먼저 나서서 가르치려 들지 않고, 기다리고, 질문을 던지는 것이 우선이다. 정답을 암시하는 질문이 아니라 상대 아이의 상태에 대한 순수한 호기심을 담은 질문 말이다.

조언 멈춰!!

12. 감춰진 커리큘럼[3] : 폭력의 모델링

관찰을 통한 모방은 아이들이 세상을 배우는 중요한 방법의 하나다. 모방이라는 행위는 사회성 발달에 매우 필수적인 과정으로 상대방의 표정과 말투, 행동을 따라 하며 인간은 관계 맺기를 학습한다. 그 과정에서 아이들은 닮고 싶은 사람, 즉 롤모델을 선택한다. 롤모델은 부모일 수도 있고, 다른 어른일 수도 있고, 만화 속 캐릭터일 수도 있다. 요즘은 연예인이나 SNS를 통해 만나는 인플루언서가 되기도 한다. 아이들은 선망하는 대상이 지닌 시각으로 세상을 해석하고, 그 존재와의 일체감을 통해 세상에 대한 유능감을 배운다. 물론 롤모델은 항상 긍정적인 역할만 하진 않는다. 롤모델의 부정적인 측면을 내면화하기도 하기 때문이다.

긍정적이든 부정적이든 삶에서 배우는 다양한 것 중 공감이나 존중과 같은 비가시적인 사회적 가치들은 말보다는 롤모델이 몸소 보여주는 모델링을 통해 학습한다. 예를 들어 아이들은 부모님이 벌레를 꺼리는 반응을 관찰하며 벌레를 싫어하게 되기도 하고, 주 양육자가 다른 사람을 대하는 호의적인 태도와 예의를 모방하기도 한다. 가장 가까이 있고 애착을 느끼는 상대의 행동을 관찰하고 모방하면서 학습한다.

평화교육의 진행자로서 아이들과 만날 때 매우 중요하게 여기는 것이 바로 '존중의 모델링'이다. 존중을 말로 풀어내기는 다소 어렵다. 존중이란 개념을 설명하고 사례들을 나열하면 사람들은 저마다의 경험에 기반해 존중을 다르게 받아들이기 때문이다. 존중은 외려 비언어적인 행동과 몸짓, 그리고 뜻밖에도 무언가를 '하지 않는 것'을 통해 드러날 때가 있다. 예컨대 명령형 언어를 사용하지 않거나, 시끄럽게 떠들 때는 말 없이 가만히 기다려주고, 결정을 내려야 할 때 아이들이 스스로 선택할 수 있게끔 앞지르지 않는 것이다. 아이들과 눈높이를 같게 해서 아이들을 위에서 굽어보지 않고, 말허리를 함부로 끊지 않는 방식으로도 존중을 증명해줄 수 있다.

이 중 가장 애쓰는 존중의 방식은 아이들의 말을 끝까지 듣는 일이다. 아이들이 별 의미 없는 말들을 떠들어대고 종잡을 수 없는 말들을 어수선하게 늘어놓더라도, 중간에 끊지 않고 기다린다. 다른 아이들이 끼어들면 잠시 양해를 구하고 지그시 순서를 환기하며 이야기의 끝매듭을 보호한다. 이런 절차가 거듭되면 아이들은 나이나 목소리 크기와 무관하게 모두가 빠짐없이 존중받고 있다는 경험을 하게 되고, 다른 친구들에게도 그 경험을 나눠주고자 한다. 결국, 존중이란, 개념이라기보다는 이런 시시콜콜한 '상태'를 뜻한다.

이런 존중을 경험하지 못한 아이들은 나이가 어린 사람의 말은 끊어도 되고, 함부로 가르쳐도 된다고 여긴다. 당장 기분이 나빠도 그 체제에 순응하지만, 이내 집단의 선배가 되면 대화의 주도권을 권력처럼 휘두른다. 대화를 시작할 수 있는 입장, 위계를 드러내는 호칭, 존댓말과 반말의 사용 등은 일방적으로 정해질 것이고 상대적 강자에게 받은 불합리한 대우가 상대적인 약자에게 대물림되며 곧 폭력이 순환되는 경로가 만들어진다.

존중이라는 추상적 개념을 선뜻 이해하기는 어렵다. 하지만 먼저 피부로 겪은 후 개념을 이야기해주면 누구든 쉽게 받아들일 수 있다. 그런 면에서는 폭력도 마찬가지다. 폭력이 아무리 나쁜 것이더라도 일상적으로 겪는 폭력은 쉽게 내면화된다. 아이들은 직접 경험한 것과 어른들이 가르치는 것 사이의 틈을 재빠르게 눈치챈다.

어른들은 교화의 명목으로도 일상에서 폭력을 자행한다. '아이들의 말을 막는 것'이 대표적이다. 어른들은 아이들의 말을 건성으로 듣다못해 말을 끊는 데 주저함이 없다. 그것은 '너의 말은 지루해, 네 이야기는 가치가 없어'라는 숨은 메시지를 전달한다. 아이들은 굳이 언급하지 않아도 이 폭력적 메시지를 본능적으로 눈치챈다. 본의가 아니었다고 해도 말 뒤에 숨어서 끈질기게 존재를 드러내는 것들은 결국 더 도

드라지기 마련이다.

'말 안 들으면 경찰 아저씨가(혹은 망태 할아버지, 무서운 아저씨) 잡아간다.'라는 말처럼 어린이에게 무심코 행하는 겁박도 그렇다. 이 언사는 아이의 행동을 바로잡기 위해 두려움을 자극하는 방식을 사용하는데, 경찰, 할아버지, 성인 남성 등 특정 대상에 대한 보이지 않는 혐오와 거부를 주입하기도 한다. 가르쳐서 배우는 것보다 되레 가르치지 않아서 배우는 것들이 항상 더 많다.

우리는 또 남을 깎아내리고 뒷담화 한다. 나쁜 말을 쓰지 말고 친구들과 친하게 지내라고 누누이 가르치면서도 어른들은 그 가르침을 실천하지 않기에 십상이다. 나의 낮아진 자존감을 보상받기 위해 타인을 깎아내리고, 자신에게 동조할 편을 만들려고 상대방을 무가치한 존재로 후려치는 전략을 아이들은 아주 직관적으로 습득한다. 하지만 알다시피 시간이 지날수록 실제로는 내면의 불안만 더 커진다.

하여 폭력은 일상에 만연하고 아이들은 나날이 닮아간다. 전체와 그 전체를 이루는 반복된 부분들의 자기 유사성을 기하학에서는 프랙털(fractal)이라고 일컫는다. 미시권력은 빼도 박도 못하는 거시권력의 프랙털이다. 아이들이 저지르는 폭력의 입자 하나하나는 어른들이 만든 폭력의 도형과 정확히 닮은꼴일 수밖에 없는 것이다. 우리가 지겹도록 되뇌었던 문구가 있지 않은가. '아이는 어른들의 거울'이라고. 존중은 존중을 낳고 폭력은 폭력을 낳는다.

13. 방관의 틈에서 자라나는 따돌림

<따돌림 사례 1>

A는 학교에 가기 두렵다. 같은 반 B가 지난밤 친한 친구들끼리의 대화방에 A를 참여시켜 A에 대한 욕을 했다. 어떤 친구는 동조하기도 하고, 어떤 친구는 침묵했다. A는 학교에 가서 그 친구들을 대면하게 될 것이 두렵다. 학기 초부터 시작된 이유 없는 괴롭힘 때문에 두 달 전 학교폭력으로 신고하겠다고 경고했지만, 바뀐 점은 없다. 오히려 선생님이나 다른 아이들 눈에 띄지 않는 곳에서 B의 은밀한 괴롭힘이 이어졌다. 처음에는 지나가다 실수인 듯 어깨를 건드리거나 화장실에 따라와 넌지시 흉을 보는 정도였다. 하지만 시간이 지나면서 B는 A를 따로 불러내 무리를 지어 몰려와 위협하거나 술을 억지로 먹이고 담배를 피우게까지 했다. A에게 남자친구가 생길 무렵에는 성적으로 문란하다는 악의적인 소문이 퍼지기도 했는데 출처는 B로 추측되고 B도 굳이 그 사실을 감추려 들지 않는다.

<따돌림 사례 2>

C는 아침에 일어나기가 싫다. 학급의 다른 아이들이 자신을 싫어하고 있는 것 같아 눈치가 보인다. C가 나타나면 다른 아이들이 피하듯 다른 곳으로 가버리거나, C를 힐끔대며 귓속말을 하는 듯하다. 쉬는 시간 보드게임 놀이를 할 때 D가 C를 무리에 끼워주었지만, 다른 아이들은 못내 억지로 놀아주는 것 같아 C는 마음이 불편하다. 시간이 지나자 반에서 그나마 C를 챙겨주던 D도 은근슬쩍 다른 아이랑 짝지어 급식실에 다닌다. C는 왜 다른 아이들이 자신에게만 쌀쌀맞게 대하는지 답답한 마음에 E를 붙잡고 물어봤다. 그랬더니 E는 C에게 '너는 놀다가도 맘에 안 들면 삐지고, 울고, 다른 애들 탓하면서 선생님께 고자질이나 하잖아'라고 말한다. C는 이해가 잘 안 간다. 싫어서 싫다고 한 것뿐이고, 짜증이 나서 짜증을 낸 것뿐인데, 어느새 이기적인 사람이 되어 있다.

따돌림 사례를 요약하면 두 가지 경우로 나눌 수 있다. 가해자가 따돌리는 이유를 가진 경우와 피해자가 따돌림당하는 원인을 가진 경우다. 물론 이는 잘못된 구분이다. 세상에 따돌려도 되는 정당한 이유와 원인은 존재하지 않기 때문이다. 그렇다면 우리는 다시 이렇게 구분할 수 있다. 해결의 열쇠를 가해 아이가 쥐고 있는 경우와 피해 아이가 쥐고 있는 경우로 말이다. 중요한 것은 누구의 탓인지를 밝혀내는

가가 아니라 회복의 실마리를 어디에서 찾는가이다. 전자는 가해 아이를 교정하며 접근하고, 후자는 피해 아이를 이해시키며 다가갈 수 있다.

우리가 '따돌림'을 떠올리면 <사례1>이 먼저 머리에 그려지지만, 실제 발생빈도는 <사례2>의 경우가 더 많다. 아이들 세계에서 자주 일어나는 일이다. 학교폭력으로 신고가 될 때는 같은 '따돌림'이지만, 두 사례의 접근방식과 해법은 완전히 반대된다. A에게는 '보호'하는 적극 처방이 우선이다. 학교 측에 A와 B를 분리해달라 요구하고, B에게 단호히 경고하며 처벌과 불이익을 정확히 알려야 한다. 반면 <사례2>는 '따돌림'이라고 명명하는 순간 관계를 아예 그르쳐 문제가 커지기 쉬운 경우다. <사례2>는 아이들의 분리가 애초 목적이었던 '보호'가 아닌 '고립'을 완성 시킬 공산이 크다. 격리가 필요할 만큼 괴롭힘의 강도가 크지 않다는 점도 그렇거니와, 분리야말로 피해 아이를 둘러싼 아이들의 의도와 오히려 닮아있기 때문이다. 아이들은 접근이 금지된 것을 되레 다행으로 여긴다. 피해 호소로 가뜩이나 가해자로 지목된 불쾌함이 있는데 일부러 가림막까지 만들어진 셈인 것이다. 이것은 따돌림을 공공연히 허락해주는 것과 다름없다. 피해 아이는 또래 집단에서 배제된 입장으로 더 괴롭고 힘들어질 것이다.

학급마다 1~2명은 반드시 다른 사람들을 이해하며 살아가는 게 유독 서툴고 낯선 친구들이 있다. 이 아이는 친구들과 좋은 관계를 유지하기 위해서 어떤 행동을 해야 하는지, 어떤 행동은 하지 말아야 하는지 잘 모르기 때문에 하나부터 열까지 구체적으로 배울 필요가 있다. 이 아이에게는 친구들과의 관계 속에서 배워야 할 것을 차근차근 배울 기회를 주어야 한다. 격려나 처벌이 능사가 아니다. 학교폭력으로 신고되는 순간 아이들 사이의 감정의 골은 깊어지고 문제는 돌이키기 어려워진다.

내 아이의 예사로운 눈물 바람에도 가슴이 철렁하는 게 부모 마음일 것이다. 피해를 보고 있는 상황에서 당차게 거절하거나 도움도 요청하지 못한 채 집에 돌아와 눈물만 흘리는 아이를 보면 부모로서 마음이 무너지는 게 당연하다. 실제 많은 부모가 당장 속상한 마음에 화가 나서 학교로 달려가거나 담임선생님께 전화해서 어떻게든 해결을 하기 위해 노력한다. 아쉽지만 이런 시도는 아이들 따돌림 문제해결을 더 어렵게 만든다. 어른 간의 싸움으로 번져서 따돌림문제가 오히려 더 큰 고립을 불러오는 지경까지 간다. 아이는 실제 가슴앓이했던 문제보다 더 큰 시름을 겪게 된다. 아이가 원한 것은 다른 아이들과 어울리는 것이었지 멀어지는 것이 아니다.

아이들과 많은 시간을 보내는 선생님에게는 따돌림이 눈에 띌 수밖에 없다. 소문을 통해 귀에 들어오는 것도 있을 것이다. 물론 당장 개입하기 어려운 부분도 있다. 초등학교 저학년의 경우에는 선생님이 나서서 대화를 해보면 솔직하게 이야기하는 편이다. 어떤 따돌림이 있었고, 그것으로 자신의 감정이 얼마나 상했는지, 자기 언어를 채 갖추지 못했더라도 그만큼 격의 없이 털어놓는다. 에너지를 내고자 마음만 먹으면 갈등을 수월하게 다룰 수 있다. 그러나 고학년으로 올라갈수록 아이들은 조심스러워진다. 문제를 어른들에게 발설했을 때 또래들로부터 비난받고 고립되진 않을지, 도움 요청이 상대를 자극해 오히려 분풀이를 받진 않을지, 뾰족한 수가 없는데 괜히 긁어 부스럼을 만드는 것은 아닌지 등 그간 집단생활의 경험과 상상이 문제를 겪고 있는 피해 아이의 공포를 부풀릴 수 있기 때문이다. 실제로 따돌림이 아웃팅되는 순간 다른 아이들은 더 교묘한 방식으로 따돌리기도 한다. 가해자로 지목당하고 비난받지 않으려는 자기방어가 발동하기 때문이다. 이런 맥락을 염려한 선생님 중에서는 직접 나서지 않고 개별상담을 통해 개별적으로 마음을 돌보도록 지원하거나, 양비론으로 모두에게 주의하라고 경고하고 대략 중간선에서 봉합하는 때도 흔하다. 혹은 다른 무리 아이들의 심기를 건드려 피해자의 고통이 커질 것을 염려해서 조심스럽고 소극적으로 대응하다 보면 역으로 따돌리는 아이들의 기세가 등등해지는 상황이 발생하기도 한다.

어떤 형태가 됐든 상호이해가 아닌 잘잘못을 가르치는 논조로 이루어진 개입은 따돌림을 강화하거나 음성화시키고, 심화한다. 하지만 그것이 어렵다고 모른 척 방관하는 것은 피해자가 그 누구도 더 믿을 수 없게 만들고, 가해의 정당성을 승인해주는 결과를 낳을 것이다.

따돌림의 문제를 대화모임의 주제로 다룰 때는 매우 조심스럽게 접근해야 한다. 마치 야생동물 무리에 속하기까지 끈기를 가지고 기다리는 다큐멘터리 감독처럼 말이다. 처음에는 아이들이 입을 열지 않는다. 대화모임이 정말 안전하게 자신들을 지켜줄 수 있는지, 편파적이진 않은지, 피해자를 감상적으로 무조건 두둔하지는 않는지 긴장하고 있다. 그러다 무리의 주도권을 가진 친구가 어떤 논조로 이야기하느냐에 따라 아이들은 어느 정도까지 솔직해질 것인지 스스로 수위를 정한다. 진행자는 아주 예민하게 감정의 흐름을 관찰할 뿐 지시하지 않는다. 조금이라도 한쪽 편을 들거나 한쪽을 비난하는 에너지를 보이면 아이들은 진심을 숨긴다.

가장 중요한 것은 다른 아이들과 피해 아이를 대립시키지 않는 것이다. 아이들은 그저 한 자리에 동등한 구성원으로 입장해 만날 뿐이다. 그리고 다른 아이들이 피해자의 고통을 그저 충분히 듣게 한다. 피해당사자의 이야기로도 변화가 없을 때는 주변에서 그것을 관찰한 친구들의 마음을 듣게 하고, 그것을 둘러싼 어른들의 마음도 차례차례 듣게 한다. 절대 아이들에게 잘못을 시인할 것을 강요하지 않는다. 그러고 나면 피해를 본 아이가 들을 필요가 있는 다른 아이들의 불만도 충분히 듣는다. 불편하고 짜증 났던 부분을 표현하게 하고, 피해 아이가 자신의 어떤 점이 친구들을 불편하게 했는지 충분히, 직접 듣게 한다. 이 대화는 무리의 일원이었던 아이들을 각각 개별화시켜 방관자나 가담자에서 협력자로 전환하는 과정이며 사회적 언어를 읽지 못하는 피해 아이에게 배움의 기회를 부여하는 시간이다.

잘잘못의 프레임으로 다루는 순간 아이들은 차가운 어둠 속으로 모습을 숨긴다. 한 예로 친구들이 자신을 따돌린다고 사사건건 억울해하고 분노하며 학교폭력으로 신고하겠다며 으름장을 놓던 아이가 다른 아이들이 자신 때문에 받았던 피해를 직접 들은 적이 있다. 왜 자신을 따돌리고 피하는지 그 이유를 고스란히 듣고 난 후 자신의 잘못된 행동을 고치기 위해 스스로 약속을 만들었고 걸핏하면 신고를 입에 올려서 미안하다며 대화를 마무리했던 경험이 있다. 이런 대화의 과정은 아주 천천히 진행된다. 진행자는 원 가운데 따뜻한 모닥불을 피워둘 뿐이다. 따뜻한 수용과 알아차림의 빛이 있으면 아이들은 스스로 불 옆에 다가와 온기를 쬐며 불쾌함과 짜증으로 무거워진 몸을 말린다. 오래된 습관은 한 번에 쉽게 고쳐지지 않고 사회성은 단번에 몸에 배지 않아서 이런 일은 앞으로도 수없이 되풀이될 것이다. 하지만 그럴 때마다 인내심을 가지고 대화로 풀어내도록 돕는다면 같은 따돌림이어도 전혀 다른 결과를 낳게 될 것이다.

14. 아이들을 침묵하게 만드는 기술

우습고, 쓸쓸하고, 섬뜩한 농담이 있다.

어느 날 아내가 평소보다 일찍 집에 돌아왔다. 그런데 남편이 다른 여자와 침대에 있는 광경을 목격했다. 아내를 보고 깜짝 놀란 남편은 소리쳤다. "당신, 왜 이렇게 일찍 돌아온 거야?" 아내는 화가 나서 맞받아쳤다. "딴 여자랑 누워서 한다는 소리가 지금 그거야?" 그랬더니 남편은 태연히 대답했다. "내가 먼저 물어봤잖아! 말 돌려서 내 질문에서 빠져나가려 하지마!"

블랙코미디처럼 웃기되, 남편의 뻔뻔함은 이상하고, 말 한마디로 순식간에 문제의 본질을 뒤바꿔버리는 기민함은 섬뜩하기까지 하다. 다소 과장됐으나 이런 섬뜩한 상황은 현실에서도 비슷하게 일어난다. 어느 날 동생과 싸우던 형을 혼내는 엄마에게 "엄마 짜증나, 왜 내 말은 안 듣고 나만 잘못했다고 하는 거야!"라고 형이 말한다. 그 말을 들은 엄마는 소리친다. "너 엄마한테 꼬박꼬박 말대꾸할래? 어디서 배워먹은 말버릇이야?"라고 말이다. 아이들은 억울한 상황에 관해 이야기하는데 어른들은 그 태도를 지적하며 본질을 뒤바꾸어 버린다. 억울함을 항변할수록 아이들은 큰 벽 앞에 서 있는 무력감을 느낀다. 이 무력감이 되풀이되면 아이들은 입을 닫는다.

　종종 어른들은 아이들이 말을 꺼낼 때 입을 다물게 하기 바쁘고, 입을 닫으면 왜 말을 안 하냐며 다그친다. 어긋난 타이밍은 반복된다. 차츰 대화는 어색해지고, 정작 어른들의 도움이 결정적일 때 아이들은 도움을 요청하지 않는다. 일상에서 대화라는 신뢰의 적금을 차곡차곡 쌓아두어야 사랑하는 아이가 결정적인 순간을 마주했을 때 손을 내밀 수 있다.

　아이들을 침묵하게 만드는 기술은 무엇이 있는지 알아보자.

　가장 먼저는 대화 중에 눈을 쳐다보지 않는 것이다. 무언가로 늘 분주한 어른 앞에서 아이들은 말문이 막힌다. 상대방이 스마트폰이나 TV에 눈을 떼지 않는 것은 대화할 준비가 되지 않았다는 것을 온몸으로 표현하고 있다는 의미다. 혹은 지금의 대화가 별로 중요하지 않거나 흥미롭지 않다는 무의식의 발현이기도 하다. 어른들이 아이들의 말을 알아차리지 못할 때가 잦은 건 사실이다. 바쁜 일상을 살아내느라 아이들이 부르는 소리를 듣지 못하거나 머릿속에 해결해야 할 복잡한 생각들이 가득 차 있을 수도 있다. 그렇다고 해서 아이들의 말허리를 자르는 것이 정당화되는 것은 아니다. 때로 아이들이 바쁜 어른들의 상태를 양해하려다가도 다른 어른들끼리는 즉각적으로 반응하는 것을 보면 배신감을 느낀다. 어른들의 말은 크고 중요하게 받아들여지고 아이들의 것은 작고 하찮게 다루어진다. 이런 대화가 반복되면 아이들은 자신의 말이 의미 있게 받아들여지지 않는다는 것을 경험한다. 대화가 소용이 없다는 것을 깨닫고 이내 입을 다물어 버린다.

두 번째 기술이다. 속상하고 억울한 마음에 찾아갔는데, '네가 뭔가 잘못을 했으니까 그런 거 아니니?'라며 잘잘못의 프레임부터 들이밀 때도 아이들은 입을 다문다. 잘못이 뭔지 모르던 바 아니지만 지금 필요한 건 공감과 위로와 안정인데, 그것이 충족되지 않으면 아이들은 입을 열지 않는다. 어차피 하소연해봤자 마음을 알아봐 주지 못하리라 생각한다. 이럴 때 어떤 어른들은 너무 수용적인 교육 태도가 아이들에게 나쁜 버릇을 심어줄까 걱정되어 잘못을 먼저 되짚어보라고 주문하는 실수를 하기도 한다. 하지만 신기하게도 아이들은 입이 열린 상태에서만 귀가 열린다. 입이 닫히면 듣는 귀도 열리지 않는다. 자기 말이 충분히 공감받고 난 뒤에 들을 여유가 생긴다. 그때는 슬쩍 운만 띄워줘도 아이들은 자신의 잘못을 인정한다. 자신의 잘못을 방어하는 데만 익숙해진 아이는 자신의 잘못을 인정하는 것을 어려워한다. 해보지 않은 방법이고, 가보지 않은 길이기 때문이다. 그런 친구들도 공감의 과정을 충분히 거치다 보면 끝내 홀가분하게 책임을 질 에너지를 낼 수 있다. 순서만 바꾸면 된다.

세 번째로, 힘의 차이가 느껴질 때도 아이들은 입을 닫는다. 어차피 어른과 아이 사이 힘의 차이는 명백한 것이지만, 그 차이가 유독 도드라질 때가 있다. 시선의 높이와 언성의 크기로 격차를 감지하는 순간 아이는 상대방을 '존재'로 보지 못하고 싸움을 해야 할 '대상(혹은 비생명체인 물건)'으로 여기기 시작한다. 명백한 우위의 힘 앞에서 아이는 무력하다. 이런 관계에서 진심을 드러내는 것은 불리하다. 진심은 이용당할 꼬투리가 되거나 공격받을 허점으로 변한다. 아이들은 어른들과의 말싸움에서 가망 없는 대결을 포기하거나 이기지 못할 거라면 끝까지 대들고 약을 올리며 다른 아이들의 웃음거리로 만들려 할 것이다.

마지막으로 아이들의 입을 닫게 하는 기술은 아이들의 마음을 앞질러 가는 어른의 감정이다. 갈등 속에서 아이가 경험한 이야기를 들은 후 되레 아이보다 감정통제가 안 되는 어른들이 있다. 아이의 좌절보다 더 깊이 떨어지고 아이의 분노보다 서둘러 앞장서고 아이의 슬픔보다 더 짙어지는 어른은 아이의 입을 틀어막는다. 아이들도 주변 사람들이 자신으로 인해 얼마나 가슴 아프고 힘들어하는지 잘 알고 있다. 어떤 아이들은 주위 사람들을 곤경에 빠뜨리느니 자연스레 혼자 상황을 감당하기로 선택한다. 가장 힘든 사람은 자기 자신이지만, 그런 자신을 보면서 더 가슴 아파하는 상대방을 배려하느라 진심은 깊이 묻는다. 너무 아름다운 영혼을 가진 아이들은 차마 남의 고통을 바라보지 못해 그 고통을 스스로 끌어안는다. 그런 아이들이 의지할 수 있는 어른은 감정에 휘둘리지 않고, 신중하게 상황을 통제할 줄 아는 어른이다. 듣는 사람이 더 흥분하거나 격정적인 슬픔과 좌절을 표출한다면 안 그래도 힘든 아이의 고통에 짐을 얹어주고 있는 것과 같다.

의미 없이 떠드는 아이들의 말들은 진짜 중요한 이야기를 꺼내기 위한 준비운동과 같다. 결국, 시시하고 사소한 이야기부터 경청해 주어야 정작 큰일이 발생했을 때 마음을 드러낼 수 있다. 평소의 신뢰가 쌓여야 한다.

그렇다면 아이들의 이야기를 어떻게 들을 수 있는 것일까. 일상의 피곤함 속에서 시시콜콜한 이야기를 귀담아듣는 일은 쉽지 않다. 모든 말을 남김없이 다 들어야 한다는 것은 물론 아니다. 중요한 건 내가 너의 이야기를 경청하고 있다는 경험의 빈도를 늘리는 것이다. 간편식으로 먹을 수 있는 '3분 요리'처럼 이를 '3분 공감'이라고 이름 붙였다. 하던 일을 잠시 멈추고 눈을 맞춘 채 호기심 어린 눈으로 3분만큼의 이야기에 집중하는 것이다. 보통의 아이들은 연결에 대한 욕구가 해소되면 절로 다른 관심사를 찾아 떠난다. 아이가 더 많은 시간을 요구할 때는 충분히 존중을 담아 부탁을 건네본다.

"○○야, 네 이야기를 충분히 듣고 싶어. 그런데 내가 지금 해야 할 일이 있어. 내가 지금 하고 있는 일을 얼른 끝내고 다시

얘기하고 싶은데, 그때까지 기다려줄래?"

정중히 부탁하면 아이들은 두 가지 마음을 가져간다. '어른이 내 이야기에 관심이 없지 않구나.' '지금 당장이 아니더라도 언제고 다시 이야기할 수 있겠어'라는 마음 말이다. '상대를 성가시게 해서라도 이야기를 쏟아놓겠어.'라고 작정하는 아이는 흔치 않다. 있다면 아마 존중받지 못한 경험을 자주 겪은 데 그 이유가 있을 것이다. 아이들이 침묵하는 것은 원인이 아니라 결과라는 것을 기억하자. 아이들은 많은 할 말을 가지고 있다. 듣는 사람이 준비되지 않아 말하지 못하는 것이다.

"영혼은 야생동물과 같다.
그것은 강인하면서도 유연하고 또 수줍음이 많다.
우리가 숲속을 달려가며,
도와줄 테니 어서 나오라고 영혼에게 소리친다면,
영혼은 더욱 꼭꼭 숨을 것이다.
그러나 우리가 조용히 앉아서 침착하게 기다린다면
영혼은 저절로 그 모습을 드러낼 것이다."

- 파커 J. 파머

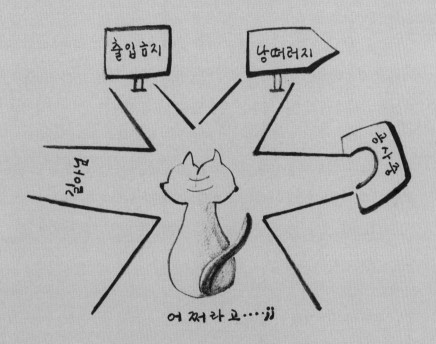

15. 내 아이는 동기로, 남의 아이는 현상으로

"우리 개는 안 물어요."

몇몇 견주들은 흔히 단언하듯 말한다. 자신에게 호의적인 나의 개는 다른 사람에게도 호의적일 거라 믿는다. 이 말은 개를 기르지 않는 사람뿐 아니라 반려견을 키우는 사람들에게조차 분노를 샀다. 반려인과 함께 있더라도 개가 언제 어디서 어떤 자극으로 돌발행동을 할지는 누구도 알 수 없기 때문이다. 우리 개는 물지 않는다는 말은 보호자의 '희망'일 뿐 검증된 '사실'이 아니다. 희망이 안전을 보장하지는 않는다.

아이들을 강아지에 비유하는 것이 적절치 않지만, 보호자로서 입장은 다르지 않다.

"우리 아이는 그럴 리 없어요."

말끝에 "다른 애가 뭔가 잘못을 했겠죠."라는 언급이 굳이 덧붙여지기도 한다. 이 역시 사실이 아닌, 바람이자 추측이다. 이 확신은 단호할수록 상대방에게 더 잔인해지고 큰 마음의 상처를 남긴다. 이런 태도 앞에선 그나마 소통으로 해결해 보려고 냈던 용기마저 싹 사라지고 처벌이라는 방패를 높이 쳐들게 된다. 내 아이를 믿고 지지해주는 것은 당연한 부모의 마음이겠지만, 그게 지나치면 내 아이가 연관된 사건의 엉킨 매듭을 더 딱딱하게 만들기도 한다.

아이들은 집과 학교에서 판이한 모습을 보일 때가 있다. 교우 관계의 역동에 따라 집에서는 숨기고 있던 모습을 학교에서 보일 때가 있고, 집에서는 잘 보여주는 모습을 학교에서 숨길 때도 있다. 집에서는 말 잘 듣는 아이였다가도 학교에서는 심술궂게 행동하기도 하고, 학원은 별 탈 없이 잘 다니는데 학교만 가면 문제아가 되는 일도 있다. 자신이 알고 있던 것과 영 딴판인 모습을 보인다는 말을 학교로부터 들으면, 선생님이 유독 자기 아이를 못마땅하게 여겨 아이가 삐뚤어진 행동을 하는 건 아닌가 의심하게 되기도 한다. 물론 그 의심도 가능성이 없진 않다. 하지만 학년이 올라갈수록 아이들은 '부모의 자녀'에서 '또래들의 친구'로 성장하기 마련이다. 학교에서 벌어진 일을 미주알고주알 부모에게 주워섬기던 아이들도 고학년 때쯤이면 낱낱이 언급하는 일이 줄어든다. 건강한 자아가 거치는 당연한 순서다. 오히려 고학년이 되었는데도 부모에게 모든 걸 숨김없이 말한다는 건 워낙 부모와 관계가 좋아서라고 볼 수 있는 한편, 또래들과 잘 어울리지 못하고 있다는 신호로 해석할 여지도 있다. 핵심은 집에서 침묵하던 아이들이 또래 집단 속에서는 전혀 다른 행동 패턴과 성격을 드러낼 수 있다는 것이다.

학교폭력 신고 사안에서도 이런 사례는 비일비재하다. 가해 추정 학생 쪽 부모님이 자기 아이의 말만 듣고 무턱대고 피해추정 학생에 대한 비난을 앞세우는 바람에 학교장해결제에서 처리할 수 있는 문제가 교육청으로 이관돼 필요 이상의 처벌이 가중되기도 한다. 내 아이를 보호하고자 하는 마음이 지나치면 아이를 더 큰 수렁에 빠뜨릴 수 있다.

내 아이를 편드는 가장 대표적인 예로 자녀가 지닌 문제행동의 원인을 '친구 잘못 만나서'라고 꼽는 것이다. 자녀가 탈선한 책임을 친구에게 돌리는 것은 다소 비겁하다. 잘못된 친구가 어딘가에 따로 있는 것이 아니라 그런 친구를 선택한 내 아이의 마음속 욕구를 들여다봐야 한다. 말인즉, 어느 한쪽이 일방적으로 나쁜 영향을 주거나 받는 것이 아니라, 누구나 가진 일탈의 욕구가 그 친구와의 관계를 통해 표출될 수 있다는 뜻이다.

정신과 전문의 정혜신은 에세이에서 '내 행동은 동기부터 파악하고 남의 행동은 현상으로 판단한다.'라고 했다. 내 분신과 같은 아이의 행동은 속내부터 모조리 이해하고 남 아이의 행동은 겉만 보고 판단하기 일쑤다. 나 역시 누군가의 남이고 내 아이 역시 누군가에게 남의 아이일 수밖에 없다는 객관의 눈으로 신중하게 상황을 바라봐야 한다.

아이들 역시 자기 잘못에는 너그럽고 상대방의 잘못에는 엄격하다. 갈등 당사자의 말들은 진실의 함량이 아무리 높아 보이더라도

100% '사실'이라고 확신해서는 안 된다. 아이들에게 믿음과 지지는 필요하지만, 그 온정이 '사실'을 승인하게 두어서는 곤란하다. 잘못된 승인을 받은 아이들은 자기 잘못은 작게 축소하고 남의 잘못에만 온 신경을 집중하기 때문이다. 기 싸움에서 지지 않기 위해 시작해 결국 파괴로 치닫는 치킨 게임이 시작되는 지점에는 내 아이는 옳고 남의 아이는 나쁘다고 믿어버림으로 내 아이를 보호하려는 어긋난 애정이 자리 잡고 있다.

답은 이미
정해져 있지.

16. 사과하지 않는 어른

"날 용서해 주겠니?
내가 정말 나빴던 건 네가 거짓말하게 만든 거야.
그 생각만 하면 몸서리가 쳐진단다.
날 용서할 마음이 있다면 처음부터 새로 시작하자꾸나."

이 대사는 넷플릭스 드라마로 다시 제작된 '빨간 머리 앤'에서 앤이 브로치를 훔쳐 갔다고 오해한 마릴라 아주머니가 앤에게 했던 사과였다. 다소 감정표현이 서툴렀던 마릴라 아주머니가 울고 있는 앤에게 전한 이 대사를 보고 나도 모르게 눈물이 핑 돌았다. 감정의 물결이 밀려드는 끝에 저릿한 마음을 가만히 들여다봤다. '날 용서해 주겠니?'라는 말은 깜깜한 숲에서 만난 등불과 같이 느껴졌다. 너무 뜻밖이었고, 따뜻했다.

내 기억력을 확신할 수 없지만 내게 '미안해, 내가 잘못한 거였어.'라고 사과했던 어른이 떠오르지 않았다. 갓 초등학교에 입학할 무렵 준비물을 안 가져와서 선생님께 혼찌검이 난 뒤 30분 넘게 걸리는 집에까지 걸어가 저금통을 탈탈 털어야 했던 때도, 우리 집에서 밤늦게까지 술 마시고 노느라 내 단잠을 방해했던 이웃들에게도, 개고기로 동네잔치가 열린 날 내가 아끼던 개가 사라진 걸 깨닫고 새된 소리로 개 이름을 부르며 골목을 뛰어다닐 때도 사과를 들어본 기억이 없다. 어른들은 하나같이 멋쩍은 웃음으로 넘어가거나, 순진한 나를 타박했다.

왜 어른들은 사과하지 않는 걸까.

갈등이 차츰 폭력으로 번지고 누군가가 피해를 보고 있는 상황에서도 어떤 어른은 빤히 보고도 무심했고, 다가가는 방법을 몰라 눈을 질끈 감은 채 모질게 등을 돌리기도 했다. 고통을 호소하더라도 원래 애들은 그렇게 크는 법이라며 예사로 넘어간 탓에 괴롭힘은 끈질기게 이어졌다. 학교폭력으로 신고 절차를 밟은 이후에도 행정에 밀려 몇 주, 몇 달이라는 불안한 유예의 시간을 아이들은 고스란히 견뎌야 했다. 보호자는 자신의 상처와 손상된 자존심을 내세우느라 정작 아이들이 원하는 것은 듣지 못한다. 끔찍하게도 이 모든 과정의 피해는 고스란히 아이들 몫이 된다.

왜 우리는 사과하지 못하는 걸까.

우리는 용서받을 수 있을 때가 아니라 용서받지 못할 때야 비로소 사과한다. 작고 사소한 빚쯤은 언제든 갚을 수 있노라고 인색하게 굴면서 나중에 한꺼번에 짠, 하고 탕감할 기회가 있으리라 여긴다. 차츰 감당할 수 없을 만큼 빚이 늘어나고 나면, 파산을 앞둔 채무자처럼 자포자기할 수밖에 없다. 마음의 빚도 마찬가지다. 사과는 어음에 해당하지 않는다. 사과는 일상에서 치러야 할 마음의 생활비인 것이다.

아이들이 사과를 애걸하기 전, 끝내 사과의 기대를 버리기 전에 그동안 미처 관심을 두지 못했다고, 바쁘고 힘들단 이유로 소홀했다고, 책임지는 게 두려워 나서지 못했으며, 아이의 실패가 자신의 실패가 될까 두려웠다고, 미안한 마음을 솔직히 건네보면 어떨까.

"미안해, 네가 힘들다고 했을 때 귀 기울여 듣지 못했어."

"날 용서해 주겠니? 책임지는 게 겁이 났어. 너의 마음을 다독여봤자 소용없을 줄 알았어."

"정말 미안해, 누구보다 네가 더 힘들었을 텐데, 나 힘든 것만 눈에 보여서 네 마음을 충분히 돌볼 여유가 없었어."

"내가 실수했어. 용서해줘. 네가 말했던 진심들을 나에 대한 비난으로 오해했어. 내가 부족했어."

"내가 더 적극적으로 나서서 막아야 했는데, 바쁘다는 핑계로 무심했어. 용서해 주겠니?"

"얘야 정말 미안해. 내가 어른이랍시고 대답을 강요했구나. 불편했다면 미안해 진심으로 사과할게."

사과는 또박또박.

사과는 구체적으로.

사과는 마음을 다해.

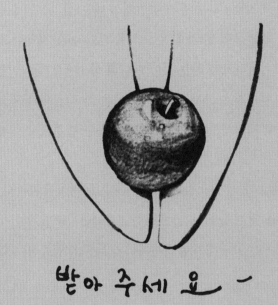

받아 주세요 ㅡ

17. 약육강식의 교실 : 상벌제도와 자율감시체제

평화놀이로 요청받아 어떤 학급을 방문했던 적이 있다. 두 번 밖에 들어가진 않았지만, 1시간도 지나지 않아 그 학급의 상태를 읽을 수 있었다. 먼저 말하자면, 그 두 번의 경험에서 나는 심리실험을 주제로 다룬 공포영화 속 인물이 된 것 같은 느낌을 받았다. 이 사례는 특정 사람이나 학교를 비난하고자 하는 것이 아니라 상벌제도가 아이들에게 어떤 영향을 미치는지 보고자 함이다. 다음은 한 학급의 상황을 약간의 가정을 덧붙여 재구성했다. 자, 그때의 섬뜩한 광경으로 함께 들어가 보자.

교실 문을 열고 들어갔다. 초등학교 2학년생들답게 아이들이 왁자지껄 떠들고 있었다. 내가 들어서자마자 누군가 날카롭게 외쳤다.

"다들 조용! 자리에 앉아!"
그러고는 나를 향해 방긋 웃으며
"안녕하세요."라며 인사했다.
나는 얼결에

"어, 그래 안녕!"하고 인사를 나눴다.

아이들이 시끄럽게 떠들고 있어서 선생님이 자리에 없는 줄 알았다. 순간 누군가 내 어깨를 두드린다. 어깨를 두드린 분은 원래 담임선생님이 병가를 내서서 임시로 학급을 맡은 선생님이라고 한다. 선생님은 교실 한쪽 자리에서 따로 개인 업무를 봐도 되냐고 양해를 구해왔다. 나는

"네, 아이들 활동에 함께 참여하시면 물론 좋지만, 편하게 선택하셔도 돼요."라고 했다.

그렇게 활동을 시작했다. 원으로 둘러앉아서 인사를 나누고 토킹 스틱을 순서대로 건네며 열린 질문으로 서로의 이야기를 듣는 시간을 가졌다. 아이들이 순서대로 이야기를 시작했지만, 다른 아이들은 토킹 스틱을 쥔 아이를 보지 않고 특정한 한 명의 아이를 계속 힐끔거리며 주시하고 있다. 아이들은 자기 이름만 말하고 대부분 장난처럼 가볍게 이야기한다. 서너 명의 순서가 지날 때쯤 마침내 모두가 힐끔거리던 아이가 토킹 스틱을 건네받았다. 아이들의 관심이 집중된다. 그 아이는 입을 여는 대신 토킹 스틱을 이리저리 뜯어보며 딴청을 피운다. 그렇게 5초 정도가 지나자, 별안간 날카로운 목소리가 들린다.

"야, 이재우, 너 얘기 안 하고 장난치면 이름 적는다."

그러자 재우라는 아이는 호기심 어린 눈빛을 거두고 말한 아이를

쏘아보며

"네가 뭔데?"라고 대든다.

건너편의 또 다른 아이가 말한다.

"쟤 이번 달 반장이야. 너 반장 말 안 들으면 벌점 1점이야."

주위 아이들이 웅성거리며 "맞아."를 외친다. 다른 아이들이 같이 거들자 재우는 항변한다.

"너네들도 아까 떠들었잖아! 왜 나만 갖고 그래?"

바로 반장이 반격한다.

"야, 너 어제도 책상 넘어뜨리고, 친구 때리고 사과도 안 하고, 수업시간에 시끄럽게 하고, 네가 나쁜 행동을 제일 많이 하니까 너한테 뭐라고 그러지!"

아이들이 벌떼처럼 달려들어 한마디씩 말을 얹는다. 종잡을 수 없는 말들이 오갔다. 잠시 멈춰달라고 부탁을 했지만, 아이들은 아랑곳하지 않았다. 비로소 한 아이가

"야, 선생님이 얘기하신대잖아. 지금부터 떠들면 벌점 1점!"

이라는 말을 내뱉고서야 아이들은 조용해졌다. 재우는 흥분이 가라앉지 않아 씩씩거리면서 욕을 웅얼거린다. 욕을 들은 옆자리의 아이가 또 말한다.

"재우, 욕했어요." 또 말꼬리가 이어진다.

종을 크게 울렸다. 그제야 겨우 아이들의 주의가 환기됐다. 잠시 침묵한 후 물어보았다.

"무슨 일이 일어났는지 같이 확인해 보자."

이야기를 찬찬히 들어보니, 그 학급에는 엄격한 상벌 규칙이 있다고 했다. 잘못된 행동과 칭찬받을 행동의 목록이 칠판 한쪽에 빼곡히 적혀있었다. 반 아이들의 이름마다 벌점과 상점이 매겨져 게시되어 있었다. 그리고 상점과 벌점을 부여하는 일은 한 달에 한 번씩 아이들이 돌아가면서 맡았다. 선생님은 반장 역할을 하는 아이를 선정해주고, 아이들은 규칙을 어기는 아이를 꼼꼼히 감시해서 벌점을 부여하고 있었다. 그런데 어떤 아이 하나가 눈에 띄게 벌점이 높았다. 그 아이는 일거수일투족에 벌점이 매겨지는 듯했다. 벌점을 주로 받는 아이는 2~3명이었는데, 나머지 아이들은 그 아이들을 표적 삼아 일상의 불만과 화를 쏟아내고 있었다. 그 아이들이 하는 작은 말투 하나로도 꼬투리를 잡아 화를 냈으며 비난을 쏟아냈다. 그렇다고 반장 역할을 맡은 아이라고 그걸 즐기는 것 같지는 않았다. 책임을 잘 수행해야 한다는 중압감과 통제가 안 되는 아이들 때문에 굉장한 스트레스를 받고 있었다. 그리고 이 상황을 관찰하는 조용한 아이들도 몸에 밴 긴장감을 내려놓지 못했다.

'바람이 붑니다'라는 놀이는 아무리 진행이 힘든 반이어도 작동하기 마련인데, 그 반은 그 어떤 놀이도 이루어지지 않았다. 아이들은 놀이하는 중간에도 누가 규칙을 어겼는지 감시하느라 마음을 놓지 못했다. 아이들의 긴장 가득한 눈빛과 이미 화낼 준비가 된 손, 뾰족한 비난의 말들, 의심과 강한 거부감의 자기장 안에 들어가 있는 것만으로도 머리가 어질어질했다. 아이들이 목소리를 높여 언쟁하고 내남없이 대거리하는 와중에도 선생님의 공간은 의아할 만큼 조용했다. 말싸움이 몸싸움으로 번질뻔할 때 선생님의 나무막대기가 교탁을 탁탁 내리쳤고, 순간 아이들은 거짓말처럼 입을 다물었다. 그곳에서 내가 할 수 있는 것은 없었다. 그곳은 서로가 서로를 감시하는 교도소와 다름없었다. 희생양만 빼놓고 나머지만 자리를 차지하는 잔인한 인질 놀이의 장이었다. 등교 후 교실에 책가방을 내려놓는 순간부터 하교 종이 울릴 때까지 그 긴장과 싸움은 계속됐다. 아이들의 관계는 산산조각이 나 있었고, 우정이 있어야 할 자리엔 긴장과 경계, 불안과 불신으로 가득 차 있었다.

이런 분위기에서 아이들은 학습에 집중할 수 있을까? 그 공간에서 우정과 삶을 배울 수 있을까? 다양한 사람들 사이에서 다름을 발견하고 이해하며 존중하는 법을 배울 수 있을까?

벌점이 엄존하는 그곳에서는 상점이 주는 긍정 행동 강화 효과도 기대하기 어렵다. 상과 벌은 동전의 앞뒷면과 같아서 정반대의 모습이지만, 짝꿍인듯 한 몸이 되어 움직인다. 벌을 받는 친구가 있다면 그 벌을 모면하는 아이들이 있어 그들 사이의 관계는 '벌'을 기준으로 구별되고 상대적 우월감을 느끼는 그룹이 생기기 마련이다. 같은 맥락으로 상을 받는 친구가 있다는 것은 상을 받지 못한 아이들은 존재가치가 떨어진다는 메시지를 암시하기도 한다. 우리가 생각한 선한 의도와 달리 말이다. 아이들은 존재 자체로 응원받고 칭찬받고 격려받아야 마땅하다. '옳고 바른' 행동의 좁은 틀 속에 꾸깃꾸깃 몸을 웅크린 아이들의 모습이 안쓰러웠다. 어둡고 습한 곳에서 곰팡이가 피듯 상과 벌은 폭력을 발아시키는 배양실과 같다.

아이들 다수를 통솔해야 하는 담임선생님의 입장을 모르는 바 아니고 선생님 개인의 탓으로 돌릴 수 없는 문제라는 것 또한 안다. 하지만 상과 벌로 아이들의 관계를 갈라 통제하기보다 조금 어수선하더라도 자유로이 소통하며 서로에게 삶을 살아내가 위해 필요한 인내와 용기, 배려를 배우게 하는 것이 더 교육적이라고 본다. 놀라는 게 새삼스러울 만큼 불과 얼마 전까지도 군대나 교도소 같은 교실에서 우리가 공부하고 성장해온 게 사실이다. 그런 공간에서 상벌제도를 통한 통제는 숨 쉬는 공기처럼 익숙하고 당연한 일상으로 느껴진다. 오히려 상벌과 통제가 없다면 숨을 쉬지 못할 거라는 상상 속 두려움에 사로잡히기도 한다. 하지만 우리는 처음인 듯 놀라고, 세상에 어쩜 이럴 수가 있는지 거듭 한탄해야 한다. 현실이 호락호락하지 않다는 걸 깨닫고 마는 건 체념하는 포즈에는 도움이 될지 몰라도, 조금씩이라도 세상을 바꾸기 위해서는 순진하게 되묻고 꼬치꼬치 따져야 한다. 어른처럼 보이는 것보다 진짜 어른 노릇이 필요하다.

18. 벌주기의 나비효과

반복된 언어폭력으로 갈등이 끊임없이 일어나던 한 학급의 사례이다. 원으로 둘러앉아 이야기를 시작한다. 경청의 규칙을 이야기했지만, 한 친구가 이야기를 꺼내는 순간 다른 아이들이 일부러 딴짓하며 장난을 시작한다. 말하는 친구의 작은 실수를 트집 잡기 일쑤다. 대화 진행이 쉽지 않다. 토킹스틱이 한 바퀴 돌기도 전에 서로 떠든다며 비난하고, 티격태격하다 욕설이 오가고, 참지 못한 친구가 주먹을 쥔다. 진행자의 요청에 서로 입은 다물었지만, 흥분을 삭이는 숨소리를 내며 눈을 매섭게 부릅뜬다. 대화를 이어가기 전에 도대체 왜 그리 서로 비난하고 잘못을 찾아내려 애쓰는 건지 그 이유를 직접 물어봤다. 그랬더니 쭈뼛대던 한 친구의 속상한 울음과 함께 신경질적인 목소리가 터져 나왔다.

"A가 고자질해서 괜히 우리 전부 기합받고 진짜 짜증 나요. 막상 싸운 애들은 곧바로 화해했는데, 그걸 쟤가 선생님께 일러바쳐서 다 같이 되게 혼났단 말이에요. 복수할 거예요. 진짜 짜증나."

아! 그 순간 아이들의 짜증과 반복되는 갈등의 뿌리가 보였다. 아이들을 사로잡은 거센 갈등 폭풍의 중심에는 단체 기합이란 벌주기가 있었다. 아이들 갈등과 단체 기합은 겉으로 보기엔 전혀 연관 관계가 없어 보이지만, 갈등나무의 뿌리에 가장 많은 영양분을 공급하고 있는 중요한 사건이다.

처벌하기는 응보적 정의의 대표적 처방이다. 응보적 정의는 실수나 잘못에 상응하는 징계나 체벌을 통해 불이익을 줌으로써 문제행동을 교정하려는 시도이다. 눈에는 눈 이에는 이처럼 인류의 역사만큼이나 유구한 대처라 교육과 교정의 방법으로 당연하듯 활용되고 있다. 최근엔 교육 연구가 선진화되기도 했고, 이름난 심리학자들이 교양이나 예능 프로그램에서 아이들의 마음을 대변하며 관계회복을 위한 이해와 공감의 저변을 넓히고 있다. 하지만 처벌에 대한 신념은 실제 교육현장뿐만 아니라 여전히 사회 전반에 걸쳐 만연해 있으므로 그 뿌리가 쉽게 뽑히지 않는다. 어릴 때부터 '때려서라도 가르쳐야지'라는 말을 당연하게 듣고 자라고, 초등학교만 들어가도 상벌점제를 일상처럼 학습하고, 대부분의 공동체가 유사군대처럼 연대책임을 낯설어하지 않는다.

처벌은 폭력을 학습하는 악순환의 첫 단추이다. 실수와 잘못을 교정하기 위해 했던 대처가 아이들의 마음에 폭력의 씨앗을 심게 된다.

폭력의 나비효과는 아이들이 모인 작은 집단 속에서 삽시간에 확인된다. 전혀 관련이 없을 것 같은 행위조차도 응보적 처벌을 모방해 물고 물리는 폭력의 순환고리를 꿰어놓는다.

처벌은 문제행동에 합당한 대가를 치르는 직접적 조치이면서 동시에 다른 구성원에게는 그 결과를 전시하는 본보기로도 기능한다. 어쩔 수 없이 선생님은 교실 내 최고 권력자가 된다. 책걸상부터 일사불란하게 선생님을 향한다. 모든 아이는 앉은 상태에서 서 있는 선생님을 올려다본다. 선생님은 모두를 볼 수 있지만, 아이들은 그렇지 않다. 발언권도 선생님의 것이다. 시선의 방향과 시야각, 발화권 등은 모두 권력 장치이다. 전권을 쥔 자의 벌주기는 사람들 앞에서 사회공포 효과를 노렸던 중세 교수형과 닮은꼴이다. 벌주는 장면을 목격하기 위해 둘러싼 이들에게도 무언의 경고를 보낸다. 자신도 처벌의 대상이 될 수 있다는 공포와 긴장 속에서 권력은 유지된다. 이를 아이들에게 내면화시키는 곳이 처벌을 교육의 도구로 활용하는 교실이며 학교다.

요즘엔 공개적인 벌주기가 학생 인권의 문제로도 비화하기 때문에 자주 목격되지 않을 수 있다. 하지만 벌주기와 같은 맥락의 낙인은 여전히 존재한다. 아이들은 선생님께 인정받기 위해 그와 같은 편에 서고 싶어 한다. 선생님이 특정 아이에게 부정적인 반응을 보이거나 혼내는 순간 아이들은 선생님의 시선과 자신의 것을 동일시하면서 혼난 아이를 눈 밖으로 넌지시 밀어낸다. 심하면 선생님이 가진 권위의 대리자이자 규칙의 수호자를 자처해 다른 아이들을 지배하려 들기도 한다. 별것 아닌 행동도 트집 잡고 그를 모질게 구분하려 한다. 대상이 되는 아이는 자신이 받는 취급대로 열외의 성원이 되어 간다. 낙인효과는 심리, 사회, 문화인류학 등의 영역에서 다양한 이름으로 같은 맥락의 문제의식을 상기시킨다. 특정 아이에 대한 편견과 해석을 행동에 끼워 맞추는 '수행적 효과', 한번 비난받은 후에는 주변 사람들의 시선과 감시에 긴장된 상태가 된다는 '어항 효과', 특정 아이에 대한 부정적 관점을 재강화해 같은 특성을 보이는 다른 아이에게도 비난을 씌우는 '점화 효과' 등이 그러하다.

결국, 처벌하기는 어떤 방향으로 가든지 아이들의 관계를 이어주지 못한다. 수많은 관계의 잔뿌리를 도려내고 생태계를 황폐화한다. 가능성의 황무지에서 아이들은 마른 잎사귀로 경쟁의 깃발만을 만들고 있다. 처벌하기가 일상에 만연한데도 아이들이 우호적인 관계를 맺고 있다면, 그것은 결코 처벌의 효험이 아니라 아이들이 간신히 지탱하는 유연하고 아름다운 마음 덕택일 것이다.

적자생존과 약육강식의 논리가 학습의 결과인지 원인인지 선후를 밝히는 것은 무의미하다. 자연은 모든 경우의 수를 가지고 있다. 다만 인간이 자신에게 유리한 이론을 선택적으로 취하고 있을 뿐이다. 철학적 논의를 떠나 현실을 바꾸기 위해 우리는 어떤 '선택'을 할 것인지 실존적인 고민이 필요하다. 우리에겐 어떤 새로운 길이 있을까. 이미 그 길을 걸어간 사람들의 이야기는 5부에서 찾아보자.

19. 재판장 되기

어느 날 갑자기 궁금해졌다. 내가 진행하는 중재 방식이 갈등을 전환하는 데 얼마나 효과가 있었을까? 아이들의 갈등을 연결해 주는 진행자로서 지금까지 진행한 중재 사례를 늘어놓고 보았다. 사례를 보니 성공(?)적으로 대화가 끝난 일도 있고, 연결에 실패한 대화도 있었다. 그중에서 대화의 끝이 모호하게 끝난 사례를 가만히 들여다보니 반복적으로 보이는 실수의 패턴이 있었다. 대표적인 것은 아이들이 발음한 마음을 내 입으로 다시 발음해 전달하려고 했을 때였다. 처음엔 울어서 말소리가 뭉개지거나 어려서 자신의 마음을 말로 잘 표현하지 못한 아이들의 말이 잘 전달되지 않았을 때 조바심이 나서 개입하기 시작했다. 그 아이들의 마음을 짐작하고 추측해서 행위를 한 친구들에게 전달하기 시작했다. "A라는 친구가 지금 매우 속상해서 울고 있나 봐. 너가 실수로 건드리고 간 것보다 갑자기 누가 몸을 밀쳐서 많이 놀란 것 같아."라고 말이다. 아이들은 처음에는 그 말을 받아들이는 듯했으나 어른인 내가 못다 한 말을 꺼내어 전달하는 동안 말의 온도는 식고 생명력을 잃었다. 그래서인지 듣는 아이들이 정작 진실이라고 받아들인 것은 손해 입은 친구의 마음이 아니라 나의 숨겨진 의도였다. '너가 잘못한 것 같은데, 이쯤이면 인정해야 하지 않겠니?'라는 속의 말을 진실로 받아들이기 시작했다. 아이들은 내가 피해를 본 친구를 두둔하는 것처럼 보였고, 나는 부드럽게 가르치는 사람이 되었다. 아무리 잘 정리된 말로 전달을 해도 피해를 본 아이의 마음은 진정되지 않았고, 행위를 한 친구는 자신의 잘못을 인정하려 들지 않았다. 그때야 나의 실수를 알아차렸다. '아! 내가 나댔구나!!' 그때 이후로 그들의 말을 옮기지 않았다. 서툴고 부족해도 자신의 피해를 직접 발음하도록 했고, 행위를 한 친구가 직접 듣도록 연결했다. 나는 그저 오해의 강을 끼고 서로를 멀뚱히 보고 있는 양쪽이 직접 건널 수 있도록 연결해 주는 다리가 되었다.

'재판장 되기'는 어른들이 아이들의 갈등 앞에서 빠지기 쉬운 유혹 중 하나다. 이는 일면 자연스럽다. 나이만큼 다양한 경험을 지닌 사람이 아무래도 어린아이들보다 객관과 중립을 보장할 수 있을 테니 아이들에게 도움을 요청받는 입장이라면 더더욱 현명한 판단을 내려 주고 싶을 것이다.

하지만 갈등에서 재판관은 이해 당사자들끼리 대화할 기회를 빼앗는다. 갈등으로 얽힌 이들은 안 그래도 대면하는 일 자체에 큰 부담을 느낀다. 갈등을 도마에 올려 낱낱이 해부하고 재구성하는 일 자체도 피곤한 데다가 유불리를 따져 상대의 혐의를 부각하고 내 알리바이를 셈하는 것 역시 피 말리는 일이다. '갈등의 재판과정'은 방어기제를 겨루는 결투장을 만들 뿐이다. 거기에 마음을 나누는 대화가 끼어들 자리는 없다.

사법 시스템을 흉내 내는 재판장 되기는 갈등의 부정적 요인을 해소하고 새로운 관점으로 전환하는 데 결정적인 '마음'을 염두에 두지 않는다. 물적 증거와 진실 공방은 마음의 껍질을 더욱 두껍게 만든다. 지금, 여기의 마음이 개입할 여지가 없고 회복의 미래는 안중에 없다. 단지 지난 사건의 무게에 제 값을 매길 뿐이다. 교통사고처럼 과실의 경중을 저울질할 필요는 없다. 갈등의 당사자들은 법정의 재판장이 아무리 객관적이고 합리적인 판결을 내리더라도 스스로 선택하지 않은 책임은 어느 쪽도 진심으로 짊어질 수 없다. 억지로 떠안는 책임은 감정의 찌꺼기를 남기고 언제든 앙갚음의 이유로 둔갑할 수 있다.

편견을 연구하는 심리학자 제니퍼 에버하트는 인간의 편견이 1000분의 1초 사이에 무의식적으로 작동한다고 한다. 확증편향이 흔한 이유다. 편견이란 가장 빠르고 효율적인 판단자료인 것이다. 따라서 중재자는 재판장이 되어 마음의 형편을 저울질해서는 안 된다. 이름만 보고도 떠오르는 아이들의 평소 모습은 편견으로 가득할 것이다. 누구는 목소리가 크면서 참을성이 없고, 아무개는 키가 큰데 말이 느리고, 어떤 녀석은 눈치가 빠르면서 배려심이 부족하다는 등 재판장이 가진 편견의 목록들이 '판결'에 영향을 주지 않을 수 없기 때문이다.

　갈등전환은 각자 마음의 무늬를 드러내놓고 나와 상대의 것을 나란히 들여다보며 관계회복을 도모하는 성장의 과정이어야 한다. 아이들이 자진해서 재판관의 역할을 선생님께 떠맡길 수도 있다. 하지만 어른들에게는 아이들에게 갈등을 창조적으로 전환할 수 있는 대안적 방법이 있다는 것을 경험하게 해줄 필요와 의무가 있다. 아이들이 스스로 판단하고 선택해서 책임을 질 수 있도록 자율성을 부여해 주는 것은 판사가 아니라 충분히 대화할 수 있도록 해주는 안전한 둥지이다.

20. 강요된 사과

<상황1>

"자, 들어보니까 둘 다 잘못을 했네. 서로 사과해. 너는 때린 거, 너는 놀린 거, 어서."

"… 미안해…."

"나도 미안…."

"둘 다 뭘 잘못했는지는 말 안해?"

"… 미안, 때려서…."

"… 나도. 놀려서 미안해…."

"자, 됐지? 둘이 악수하고, 그럼 이제 가서 놀아."

갈등 중재는 그간 마음이 편치 않았노라며 서로에게 자신을 고백하는 과정이다. 그 편치 않았던 마음의 말이 낱말 그대로 '미안(未安)해'이다. 편치 않았던 시간의 자기 고백을 나누던 끝에 우리는 '미안해'라는 사과의 말로 용서를 구하는 것이다.

사과의 말은 '진심'을 다한 끝에 나와야 건네는 사람에게도, 받아들이는 사람에게도 의미가 있다. 서로 준비가 안 된 상태의 사과는 구색 맞추기일 뿐이다. 사과하는 사람은 상황을 빨리 모면하고 싶어 가식적인 예의를 차리는 것이고 받는 사람도 마뜩잖은 체면치레 역할극을 하는 것이다. 갈등 중재의 목표는 단지 '미안해'를 발음하게 하고 구두점을 찍는 데 있는 것이 아니다. 마음의 응어리가 남지 않도록 억울한 점, 속상한 점, 화난 감정을 모두 꺼내놓고 아무 가치판단 없이 상대의 것과 나누게 하는 게 목적이다. 당사자의 입을 통해 편치 않았던 마음을 어떻게 겪었는지 발화하게 하는 것, 그럴 때 공감할 수 있고, 공감을 통해 진정한 사과와 자기 책임과 용서가 뒤따를 수 있다. 울며 겨자먹기로 하는 사과는 누구의 마음도 녹일 수 없다.

<상황2>

A가 주먹으로 B의 머리를 때렸다. B는 울음보가 터졌다. B가 울음을 추스를 때까지 잠시 기다렸다가 물어본다.

"B야, 왜 울고 있었는지 얘기해 줄 수 있겠어?"

"아니, 쟤가요. 내 핸드폰을 말도 없이 가져가 놓고 내가 다시 가져오니까 갑자기 때리잖아요."

"그랬구나, 놀랐겠네. 억울했겠고."

"네!"

이번에는 A에게도 묻는다.

"그럼 A는 어떤 상황이었는지 얘기해줄 수 있어?"

"아니요."

A는 최대한 애먼 곳을 쳐다본다.

"얘기하기 불편한 게 있는 거 같네?"

"몰라요."

머쓱한 듯 A의 시선이 바닥을 더듬는다.

"그래? 그럼 조금 있다가 얘기할래? 그러면 혹시 B는 더 얘기하고 싶은 거 있니?"

"아니요. 할 말 없어요"

A가 입을 다물었기 때문인지 B도 새침하게 대꾸한다. 곧 A가 고개를 들어 눈치를 본다.

"A는 미안한 마음도 있긴 한데 말을 어떻게 꺼내야 할지 잘 모르겠는 것 같기도 하네. 맞니?"

A가 말없이 고개만 끄덕인다.

"그래도 B는 A가 왜 때리게 됐는지, 어떤 마음으로 그랬는지 모르면 너무 답답할 거 같아. 그 맘은 이해해?"

A가 다시 말없이 고개를 주억거린다. 무거웠던 분위기가 불편했는지 아니면 다소 마음이 가벼워진 것인지 A가 툭툭 싱거운 손장난을 치며 몸을 배배 꼰다.

"A가 어서 놀고 싶은 마음도 알겠어. 하지만 지금 A가 장난치면 진심으로 말을 안 들어줘서 B가 더 속상할 거 같아. 자, 그러면 임무를 하나 줄게! A하고 B하고 지금부터 서로 눈을 들여다볼 거야. 가까이 마주 앉아서. 이제부터는 무슨 마음이었는지 서로 눈을 통해 말을 해봐. 눈으로 잘 들어보는 거야. 눈싸움하는 건 아니니까 눈은 깜빡여도 돼. 10초를 줄게!. 자 시, 작!"

아이들은 눈 깜빡이는 것은 참으면서도 비어져 나오는 웃음은 막지 못한다.

"… 크크큭"

"… 흐흐흑 키킥, 하하하하!"

끝내 폭소를 터뜨리면서 아이들이 발을 동동 구른다.

"자 10초 지났어! 어때? 이제 같이 놀러 가도 될까?"

사과를 둘러싸고 이런 경우도 생긴다. 피해를 준 아이가 다소 무신경하게 자신의 책임을 회피하려 한다. 잘못을 인정하자니 자존심 상하고, 안 하자니 주변의 눈이 있어서 장난이나 단답형으로 상황을 뭉개보려고 한다. 그럴 때는 일단 두 당사자를 의자에 앉게 한다. 그리고 피해를 본 친구가 어떤 것이 힘들었고 속상했는지를 말하게 한다. 피해를 준 친구는 당장은 딴청을 피우면서 다른 곳을 보거나 옆에 있는 친구에게 장난을 걸면서 안 듣고 싶다는 메시지를 온몸으로 보낸다. 자기가 원하지도 않았는데 선생님 때문에 억지로 마주 앉았으니 얼마나 심사가 뒤틀리겠나 싶다. 하지만 안 듣는 척해도 맹랑한 귀는 이야기를 다 듣고 있다. 인정하면 지는 줄 알고 어깃장을 부려보는 것이다.

이럴 때 강요하는 사과는 역효과가 난다. 상황을 모면하기 위해 "미 안 뇌~"라고 놀리듯 건성으로 말하기 십상이다. '거봐요. 쟤는 뻔뻔한 놈이에요. 저러니까 애들이 다 널 싫어하지.'라며 불똥이 다른 데로 튈 수도 있다. 회피하고 고집부리는 친구는 '미안해'라는 말을 연습시키는 것도 중요하지만, 말없이 상대의 눈을 들여다보게끔 하는 것도 도움이 된다. 말없이 직접 전달되는 마음이 있다. 면목 없고, 무안하고, 민망한, 아직 자기 마음의 언어를 발음해본 경험이 없는 아이들은 마주치는 상대의 가만한 눈빛과 쑥스러운 잠깐의 침묵을 견디는 것만으로도 말을 대신할 수 있다. 표리부동과 교언영색의 가면을 써본 적 없는 아이들이라 가능한 교감일지 모른다. 그 마음이 전달되고 나면 상대 아이도 저절로 안다. 눈빛이 찌릿하고 통하는 순간 마음이 간지러워 끝내 참지 못하고 웃음보를 터뜨린다.

마음을 표현하는 대화가 끝난 후 사과하는 타이밍에서 '너희들끼리 알아서 잘 마무리하고 와~' 하고 둘만 남겨놓고 나온다. 고양이처럼 귀를 뒤로 접어 기울이면 그 어느 때보다도 정성 어린 마음을 담은 '정말 미안해'라는 말이 들려온다. 마음의 청소를 끝낸 아이들은 거짓말처럼 아득히 맑고 푸르다. 이런 모습을 보기 위해서라도 가끔은 다퉈줬으면 하는 마음이 드는 건 비밀이다.

갈등의 양상은 언뜻 비슷해 보이지만, 아이들의 다양한 성향만큼이나 해소의 과정은 다 다르다. 대화의 속도와 방향, 서로를 받아주는 마음의 크기도 모양도 깊이도 다르다. 정식으로 사과를 받아야 직성이 풀리는 아이도 있고, 말하지 않아도 마음을 알아주는 아이도 있으며, 서로 무안해 그냥 넘어가려는 아이들도 있고, 우스꽝스러운 표정으로 미안함을 갈음하는 친구들도 있다. 아이들의 사과와 용서에는 공식이 있을 수 없다. 정답도 해법도 정해져 있지 않다. 갈등 조정에 매뉴얼은 있지만, 솔직히 말하자면 매뉴얼대로 진행되리란 법은 없다. 그것은 누구도 맞거나 틀리지 않는다는 전제로 풀어가는 풀이 과정인 것이다.

$$1 + 1 = 2$$
$$1 + 1 = \text{❀}$$
$$1 + 1 = \text{✿}$$

21. 상대 아이에게 괴물 가면 씌우기

　한 학급의 사례다. 그 학급 내 여자아이들 사이에서 따돌림문제가 생겼다. 따돌림을 받는 아이는 사회성 발달장애를 갖고 있는데 다른 여자아이들이 불편해하는 자신의 행동을 인지하지 못하는 상태였다. 다른 아이들은 눈치 없어 보이는 그 아이를 매우 거북해했다. 아이는 학교에서 대부분 시간을 혼자 보냈다. 이따금 아이의 주변으로 또래들이 몰려들 때도 있었다. 혹여나 따돌림의 가해자로 비치는 게 못내 꺼림칙했던 아이들이 그 아이와 가끔 놀아주는 시늉을 하는 눈치였다. 어느 날 문제가 벌어졌다. 아이가 별안간 비명을 질렀다. 혼자 앉아 있던 아이 주변을 대여섯의 아이들이 빙 둘러싼 채 말을 걸었던 것이 아이는 심리적 뭇매로 여겨졌던가 보다. 덩달아 놀란 아이들이 얼떨결에 아이 어깨를 부여잡고 흔들었지만, 아이는 눈을 뒤집고 소리를 더 크게 지르며 몸부림쳤다. 린치를 당했다고 여긴 아이는 극심한 불안을 느꼈고 결국 어머님과 함께 학교폭력으로 신고를 했다.

　직접 만나 이야기를 해보는 과정에서 다행히 신고한 친구는 다른 아이들에게 갖고 있던 오해를 금세 풀었다. 다른 아이들과 잘 어울리기 위한 구체적인 약속도 정했다. 뜻밖에 이 과정에서 다수의 다른 아이들이 요청했던 것이 있었는데, 피해 아이의 어머님과 직접 만나 대화할 자리를 마련해달라는 것이었다. 피해 아이의 부모님이 학교는 물론 자신들의 부모님에게도 직접 전화해서 그 아이를 고의로 따돌린 것처럼 이야기되어 마음이 무거웠나 보다. 아이들은 자신의 의도가 악의적이지 않았음을 알아주길 원했다. 그 오해를 풀고자 아이들은 피해 아이 부모님과 직접 만나 자신들의 진심을 전하고 싶다고 했다. 아이들의 부모님 역시 노발대발하고 있어서 조금 걱정됐지만, 아이들과 상대측 보호자가 따로 대화할 수 있을지 학교 측에 문의했다. 하지만 피해 아이 부모님은 대화를 거절했다. 속상함과 분노가 여전히 남아있던 아이 어머님은 중재자인 내게만 연락을 취해왔다. 내용인즉슨 아이의 입에서 따돌림이라는 말을 들었을 때 얼마나 속이 무너졌는지 말도 못 하겠다는 것이었다. 다른 아이들이 일부러 따돌린 것이 확실하며 그게 하루 이틀 일은 아니었을 거라고 어머님은 확신했다. 그런 애들이 무슨 앙갚음을 해올지 모른다며 봐줄 수가 없겠다고 진저리쳤다. 어려운 마음을 충분히 공감하지만, 내가 만나본 아이들은 핑계를 대거나 책임을 회피하기 위해서가 아니라 진심으로 마음을 전하고 싶어 어머님 못지않게 어려웠던 끝에 용기를 낸 것이라고 전했다. 직접 만나서 아이들의 얼굴을 보고 지금 하시는 말씀들을 전해주시고, 아이들 이야기도 들어주실 수 있겠느냐고 부탁했다. 그런데도 어머님은 물러섬 없이 엄하게 벌해 달라고만 했다. 쳇바퀴 도는 대화에 지쳐갈 때쯤 새로운 전환이 필요하다는 걸 느꼈다. "어머님. 아이들과 직접 대화를 해본 제 말도 안 믿으시는데, 만나보지도 않은 아이들이 고의로 그랬을 거라는 믿음은 왜 그리도 확신하시는 건지 여쭤봐도 될까요?"라는 말이 나왔다. 그때 항변하듯 말을 이어가던 어머님은 긴 침묵 후, 일단 알겠다며 전화를 끊었다. 정중하게 물었지만, 욱한 마음이 드러나 어머님의 감정을 자극한 건 아닌지 약간 후회되기도 했다. 결국, 아이들과 어머님의 대화모임은 이뤄지지 않았다. 하지만 며칠 후 다른 아이들이 피해 아이와 어울려 왁자지껄하게 웃는 모습을 보았다. 혼자였던 아이도 다른 아이들과 다름없이 웃고 있었다. 그제야 어머니에게 다시 전화가 왔다. "아이들이 제 아이 손을 잡고 집 앞에 찾아왔었어요. 믿을 수가 없어요. 제 아이도 손을 꼭 쥐고 있었어요."

금쪽같은 내 아이가 피해를 보았다고 느끼는 순간, 상대 아이의 얼굴에 괴물의 가면을 씌우고 있는 자신을 볼지 모른다. 그 괴물은 심술궂고, 악의로 똘똘 뭉쳐 있고 뉘우침을 모른다. 그래서 대화는커녕 더 센 처벌을 내려달라 확신에 차서 이야기할 수 있다. 하지만 직접 만나서 이야기를 해보면 다른 아이들도 내 아이와 다름없는 아이라는 것을 깨닫는다. 그 아이들에게 괴물의 가면을 씌웠던 눈이 얼마나 믿을 게 못 되는 것이었는지 알게 된다. 그리고 내 아이를 보호해야 한다는 마음 때문에 경주마처럼 앞만 보고 '무조건 처벌'을 외치던 것이 오히려 내 아이를 불안으로 고립시키고 있다는 것도 보게 된다. 아이들에게 더없이 좋은 어른은 아이들의 신경전에 좌우되지 않는 어른이다. 아이들 갈등의 대리전을 치르던 어른들이 마음을 열고 자신의 아이들을 단호하게 훈육하고 상대 아이에게 화해의 악수를 내밀면 무슨 일이 벌어질까. 당장은 편들어주지 않는 보호자가 섭섭하겠지만, 아이들은 결국 그런 어른의 등을 보며 성장하게 된다. 사례에 따라 달리 적용되겠지만, 관계로 인해 발생하는 갈등에서 진짜 내 아이를 보호하고 싶다면 내 아이만 감싸고 들지 말아야 한다. 아이들이 가진 회복 탄력성의 힘을 믿으면 믿을수록 잘 회복될 수 있다.

22. 행동과 존재의 자리를 뒤바꿔버리기

살아오면서 내 생에 영향을 준 어른을 떠올려본다. 그분은 어떤 눈빛을 띠고 있었고 내게 어떤 말투와 행동을 보여주었는지 기억난다. 표정과 음색, 말투와 몸짓과 태도를 기억한다.

지금의 내가 생각하는 좋은 어른의 기준은 그분에게서 물려받은 것 같다. 요컨대, 나를 그저 나만으로 봐주는 사람. 나를 이루는 많은 조건-출신, 성별, 키, 외모, 혼인 여부, 소득, 직업 등-을 떠나 있는 그대로의 나를 나 자체로 존중해주는 사람 말이다. 나의 작은 조각 하나로 나를 규정해놓고 거기에 걸맞은 모습을 기대했다가 뒤늦게 실망한 채 그 실망의 탓을 나에게 돌리지 않는 사람, 나는 그런 사람들을 어른이라고 부른다. 그런 사람들과 만나면 나 역시 좋은 어른이 되고 싶다. 아무 조건 없이 친구가 될 수 있다.

아이들의 갈등을 다룰 때 우리는 그런 어른으로서 '행동'과 '존재'를 구분해낼 수 있어야 한다. 행동과 존재를 구분한다는 건 무슨 뜻일까.

　아이들을 '행동'으로 본다는 것은 아이가 보인 문제행동과 그 아이를 동일시한다는 것이다. 반면 '존재'로 구분해서 본다는 것은 아이의 행동과 아이를 떨어뜨려 놓고 본다는 의미이다. 예를 들어, 학급에 도난사건이 벌어져 의심받는 아이가 생겼을 때, '아무개가 한 도둑질'에 대해 이야기하는 것은 행동에 초점을 맞춘 것이고, '도둑질'에 대해 '아무개'와 이야기하는 것은 행동과 존재를 구분해서 바라보는 것이다. 순간의 행동이 존재의 영원한 누명이 되게 해서는 안 된다. 행동에 초점을 맞추면 도난품은 빨리 되찾을지 모르지만, 도난품을 둘러싼 갈등을 전환하고 해결하는 일은 수포로 돌아갈 수 있다. 수치심으로 상처 입은 아이는 속내를 더 숨기려 들 것이다. 이런 일이 반복되면서 크고 맑은 존재는 쪼그라들고 행동이라는 조각이 자신이라고 믿어버린다. 이런 방식으로 끊임없이 발생하는 문제행동을 다룰 때는 행동이 존재를 압도하지 않도록 존재와 행동을 구분해서 다뤄 주어야 한다.

　특별히 위기학급의 문제를 다룰 때 존재와 행동을 구분하는 것이 문제해결의 중요한 열쇠가 되는 순간들이 있다. 위기학급에서 주로 발견되는 것은 욕이나 놀림으로 부정적인 자극을 주고받기, 선을 넘는 장난들, 수업 방해 등이다. 문제행동은 관계의 연결고리 안에서 부정적 행동의 원인과 결과가 서로 맞물려 일어나기 때문에 특정 사람과 문제행동을 일대일로 등치 시키기 쉽지 않다. 이럴 때 문제행동의 핵심 주동자로 찍어내어 분리하려는 순간 그 아이는 억울함을 호소하면서 선생님의 통제 밖으로 걸어 나가게 되고, 더 큰 문제행동이 일어날 사건의 뿌리가 된다.

존재와 행동을 구분하는 것은 갈등의 불길이 일어났을 때 주변으로 번지지 않도록 불 주변에 촉촉하게 물을 뿌려주는 것과 같다. 예를 들어 욕과 놀림으로 서로를 자극하는 문제로 학급 대화모임을 진행할 때는 욕한 사람이 누군지, 왜 그 욕을 하는지에 집중하는 것이 아니라, 학급 전체에게 "어떤 욕이나 놀리는 말이 관찰되고 들리나요?"라고 질문한다. 그렇게 아이들에게 '누가' 했느냐보다 '무슨 일이' 벌어지고 있는지를 관찰하게 한다. 그리고 그 문제를 가지고 다시 질문을 던진다. 그 말과 행동을 들었을 때의 마음(느낌, 생각)은 어떤지 나누게 한다. 그러면 자연스럽게 아이들은 불쾌한 마음, 짜증 나고 화나는 마음들을 드러낸다. 그렇게 한 후 그렇다면 욕이나 놀리는 행동은 어떤 마음에서 하는 것 같은지 그 입장을 추측해 보도록 한다. 그렇게 욕이나 놀림을 듣는 사람의 마음과 하는 사람의 마음자리에 서 보고 난 후 이런 일이 반복되지 않기 위해 모두가 동의할 만한 약속을 정한다. 이런 방식으로 선을 넘는 장난들이나 수업 방해 행동에 대해 다룰 수 있다.

이 과정에서 중요한 것은 문제행동의 주동자를 색출해 내는 데 있지 않다. 누가 했는지를 드러내는 것은 문제해결에 전혀 도움이 되지 않는다. 설령 그 행동을 명백하게 한 아이가 있다고 하더라도 그 아이를 문제아로 낙인찍는 수치심으로부터 보호하고 다른 아이들의 입을 통해 자신의 행동이 다른 사람을 불편하게 하고 있다는 것을 확인하면 문제행동을 스스로 교정할 가능성이 훨씬 더 커진다.

존재와 행동을 구분하면 '문제행동'을 하는 아이가 중요하게 생각하는 욕구를 더 잘 볼 수 있다. 예를 들어 과한 장난으로 주변 친구들을 불편하게 만드는 아이가 있다면 그 친구가 너무 중요하게 여기는 욕구는 '재미' 혹은 '친구와의 연결'이 있을 수 있다. 표면적으로 드러난 과한 장난에 집중할 경우 그 행동을 한 아이는 혼나게 되겠지만, 존재와 행동을 구분해서 보면 행동의 표면 뒤에 있는 재미와 연결이라는 진심을 확인할 수 있다. 그러면 재미와 연결이라는 소중한 진심을 표현하기 위해 그동안 선택했던 짓궂은 장난이라는 방법 말고 어떤 방식으로 다가가야 상대방도 그 진심을 알아줄 수 있게 될 수 있을지 함께 고민할 수 있다.

문제행동을 지속하는 아이들은 생각이 짧아 개념이 없거나 다른 사람을 배려하지 못해서 그렇게 행동하는 것이 아닐 수 있다. 물론 자신의 에너지를 주체하지 못하는 친구도 있지만, 그 친구들은 삭막해지는 친구 관계를 이어주는 선한 의도와 따뜻한 삶의 에너지를 가지고 있다. 그 힘을 억누르거나 꺾어 없애기보다는 스스로 힘을 조절하는 법을 배워 좋은 방향으로 흐를 수 있도록 길을 알려주는 것이 더 중요하다.

그리고 무엇보다 중요한 것은 여럿이 만든 원의 정 가운데 한 아이를 정물처럼 세워두는 것이 아니라 여럿이 그 아이와 함께 원을 이루어야 한다. 수치심이나 죄책감을 자극하지 않고 문제를 함께 해결해야 한다. 문제를 일으킨 '원흉'이 아니라 다만 갈등에 휘말린 당사자로서 스스로 행동의 결과를 책임지고 진짜 어른으로 성장해가길 응원해야 한다.

그리고 아이들이 수치심, 두려움, 실망과 절망과 좌절의 반대 방향이 아니라 그저 그 아이가 지닌 자기 자신의 방향으로 달려가게끔 갈채를 보내주어야 한다. 어린 시절의 나를 따뜻하게 바라봐주고 참아주고 기다려줬던 어른이 그랬듯, 티 없이 맑아서 무엇이든 원하는 자신의 모습으로 훌쩍 성장한 아이들과 먼 훗날 아무 조건 없이 친구가 되어 악수하고 싶다.

I
SEE
YOU

4부. 갈등상태의 아이들 이해하기

학교폭력의 싹을 자르기 위해서는 갈등과 폭력을 마주한 아이들의 마음 상태에 대한 이해가 필요하다. 아이들이 행한 폭력을 어쩔 수 없었다고 정당화시키거나 온정주의적으로 어물쩍 넘기자는 것이 아니다. 아이들의 눈높이에서 상황을 이해한다면 폭력과 갈등상황에서도 아이들을 성장으로 연결해 줄 수 있다.

가해 학생의 폭력적인 행동에 관한 판단과 단죄는 논외로 하고, 그들의 행동을 이해하기 위한 해석에 집중해 보려 한다. 먼저 폭력적인 상태는 공감할 수 없는 상태의 반복에서 비롯된다는 견해가 있다. 심리학자 사이먼 배런코언은 "악은 공감의 침식(empathy eriosion)으로 인한 결과"라고 말한다. 공감할 수 없는 심리적, 문화적, 정신적 상태와 환경이 악을 불러온다는 것이다. 불안정 애착, 상호작용이 부재한 가족관계나 학급 분위기, 억압적이고 경쟁적인 교육환경 등은 공감 능력을 훼손하고 결과적으로 악을 불러들여 폭력과 갈등을 일으킨다고 할 수 있다.

다음으로 악은 자기 자신보다 남들에게 더 몰두하는 것이라는 지젝의 입장이 있다. 갈등과 폭력의 중심에 있는 아이들은 공통으로 자신의 느낌과 생각, 욕구를 알아차리는 데 서툴다. 자기 자신에 관심을 가지기보다 타인의 말과 행동에만 시선이 가 있다. 내면의 것을 꺼내놓는 법보다 외부의 적을 만드는 것에 익숙해 있고, 혼란스러운 마음을 탓할 대상을 바깥에서 찾는다. 자신감은 자존감과 자존심의 균형으로 유지된다. 이들은 내면의 목소리를 듣기 힘들어 하므로 자존감은 부실해지고 타인의 인정과 비교우위로만 유지될 수 있는 자존심만 비대해 있다. 이런 불균형한 내면에서 폭력과 갈등은 파생한다. 배런코언과 지젝의 두 관점은 폭력과 갈등을 일으키는 자기장의 내외부적 원리라는 측면에서 유의미하다.

이것이 가해 아이들에 국한된 문제는 아니다. 피해 아이들 역시 제삼자의 시선으로 자신을 평가하고 비난하며, 자신을 소외시키는 악을 품고 있다. 자신의 마음에 집중하는 길을 걸어보지 못한 아이들, 자기중력이 약해 외부의 작은 자극에도 딸려가 버리는 아이들이 폭력과 갈등의 폭풍우에 쉽게 휩쓸린다.

이런 마음 상태의 아이들은 대화가 쓸데없는 시간 낭비이고, 무턱대고 꼬리를 내리라는 압박처럼 느낄 수 있다. 아이들은 자존심을 굽히지 않고 자신의 행동을 반성하지 않는 게 대결에서 지지 않는 무기라고 여긴다. 부릅뜬 눈에 힘을 빼지 않고 얼핏 사무라이의 시대착오적인 비장함으로 결코 후회는 없다는 오기마저 부린다. 그들은 처벌을 되레 자랑스러운 훈장쯤으로 생각할 수 있다.

이들에게 처벌은 다행인 일일 수 있다. 처벌받는 과정에서는 자신을 직면할 일도, 상대방의 피해에 공감할 필요도 없기 때문이다. 처벌은 회피의 또 다른 구실이 된다. 진정한 사과와 반성, 용서와 회복은 건너뛴 채 말이다. 가해 아이들은 어쩌면 자신이 선택하고 책임지지 않아도 되는 처벌의 방식에 벌써 안주하고 있을 수도 있다.

처벌의 효과로 우리는 다른 갈등의 예방을 염두에 두지만, 부작용으로 그 누구도 원치 않았던 다자 간의 규칙을 만든다. 처벌은 받는 이로 하여금 사람으로 대우받지 못한다고 느끼게 만들고, 그 아이들은 같은 방식으로 다른 사람들을 비인간화한다. 이를 '보복성 비인간화'라고 하는데, 처벌은 이 악순환의 혐의를 벗을 수 없다. 행위 당사자 아이들을 이해하고 대화하고자 하는 것은 고매한 도덕적 인류애를 실현하기 위함이 아니다. 더군다나 피해자의 피해가 회복되지도 않았는데 가해 아이들을 온정적으로 대한다는 것은 자칫 2차 피해로 이어질 수 있는 일이다. 다만 위해를 가한 행위자가 피해를 본 상대방을 진심으로 이해하고 자신의 잘못을 인정하게 하기 위해서이다. 행위자 내면에 있는 좌절과 분노, 불안을 잘 풀어내 방어기제 없이 피해를 바로 볼 수 있게끔 하는 방편으로서의 대화가 절실히 선행되어야 한다는 것이다. 외부로 향한 시선을 돌려 내면을 볼 기회를 주고, 공감하는 것이 지는 것이 아니라는 개념의 바탕 위에서만 우리는 갈등을 풀어낼 수 있다.

폭력의 원인과 처벌이 주는 폭력의 효과를 반대로 생각하면 평화의 원리가 된다. 아이들의 공감 능력을 막아서고 자신보다 남에게 더 몰두하게 만드는 대화방식과 또래문화, 두려움을 만드는 환경적 요인을 반대로 전환한다면 평화로 가는 길이 절로 열린다. 서클프로세스와 관계회복 대화모임을 통해 평화의 원리를 어떻게 구체화하는지는 5부에서 구체적으로 다룰 것이다. 우선 4부에서는 갈등상태에 놓인 아이들의 마음을 잘 이해하는 것에 집중하려 한다.

23. 밤송이 속 진심

갈등상황에 있는 아이들은 가시를 잔뜩 세우고 있는 고슴도치 같다. 서로 가시를 세우고 상대방이 조금이라도 다가오면 가차 없이 찌를 준비가 되어 있다.

"너는 뭐 그깟 일로 삐지고 그러냐? 찌질하게, 내가 뭘 그렇게
잘못했다고?"
"뭘 잘했는데? 애들한테 잘 보이려고 알랑방귀나 뀌고 다닌
주제에. 네가 나한테는 걔 욕하고 걔한테는 내 욕한 거 모를 줄
알았냐!"

둘의 대화를 이어주려고 개입하려다 보면 가끔은 그 가시가 나에게도 날아온다.

"쌤은 잘 알지도 못하면서 왜 쟤 편만 드세요!"

가시가 박힌 곳에서는 상처가 나고 피가 흐른다. 내게 던진 가시

를 뽑아 들고 어떻게 너희를 돕고 있는 나에게까지 이런 가시를 던질수 있냐며 따지고 싶은 마음이 꾸역꾸역 올라온다. 그때 정신을 바짝차린다. '저 가시는 밤송이 가시일 뿐이야, 그 속에는 맛있는 밤이 있어. 딱딱하고 쓴 껍질 뒤에 분명히 있을 거야.' 마음을 다잡고 눈에 힘을 뺀다. 아이들을 믿고 입을 닫고 귀를 연다.

폭력적인 대화를 밤송이에 비유한다. 맛있는 밤톨(진심)을 보호하고자 쓰디쓴 속껍질과 딱딱한 겉껍질, 뾰족한 밤송이로 감싸서 상대방에게 던지는 것이 폭력적인 대화다. '가시'는 상대방이 반발을 일으킬 수 있는 판단과 편견을 말한다. 그렇게 서로의 맛있는 진심은 꼭꼭 숨겨두고, 가시 돋친 밤송이를 던지면서 상대방이 알아주지 못한 것에 실망하고 분노한다.

비폭력적인 대화를 하기 위해서는 두 개의 큰 기둥이 필요하다. '솔직하게 말하기'와 '공감으로 듣기'이다. 관찰-느낌-욕구-부탁이라는 비폭력 대화의 단계는 이 두 가지 기둥을 세우기 위한 과정이자 재료다. '솔직하게 말하기'란 내 진심을 전하기 위해서 가시 돋친 밤송이를 까고, 딱딱한 밤껍질을 벗겨내고, 쓴 부분을 꼼꼼하게 발라낸 후 건네는 것이다. 반대로 '공감으로 듣기'란 상대방에게서 날아온 밤송이를 가시로만 보는 게 아니라 그 속에 맛있는 알밤이 있음을 놓치지 않고 그 밤송이를 까는 수고를 들이는 것이다.

아이들은 갈등상황에 놓였을 때 약해 보이거나 기싸움에서 질까 봐 일부러 가시를 세운다. 진심을 꼭꼭 숨겨놓고 진심에서 가장 멀리 있는 말들만 내뱉는다. 그러면 상대방 역시 방어를 하거나 더 센 가시를 세워 반격한다. 사소한 갈등이 큰 눈덩이로 부풀려지는 시작점이 여기에 있다. 자신은 밤송이를 던지면서 상대방은 맛있는 알밤을 주길 원하는 패턴이다. 가시를 서로 던지다 보면 맛있는 알밤이 있다는 것도 까맣게 잊어버린다. 어른들이 해야 할 일은 아이들이 서로에게 던지는 밤송이를 중간에서 낚아채 밤송이를 까고 껍질을 벗겨내어 먹을 수 있도록 주는 것이다. 한 번, 두 번, 세 번 정도 밤송이를 던지다가 맛있는 알밤의 존재를 확인한다면 그때부터는 아이들이 스스로 가시를 벗겨내고 건넨다. 단단한 갑옷을 입고 서로를 찌르는 것은 소통에 도움이 되지 않는다는 것을 깨닫고, 진심을 꺼내놓는 법을 알아차린다. 상대방도 자신의 진심이 함부로 다뤄지지 않는다는 신뢰가 생기면 스스로 부드러운 속내를 꺼내놓는다. 강을 건너기 위해 놓인 징검돌이 큰 비에 쓸려 내려갔으면 돌을 다시 놓아야 한다. 아이들이 스스로 큰 돌을 옮길 힘이 없다면 어른들이 그 돌을 함께 굴려줘야 한다.

24. 듣지 못하는 귀

듣는 게 낯선 아이들

평화놀이 시간에 아이들과 만나보면 '듣는' 것을 힘들어하는 친구들이 종종 눈에 띈다. 진행을 위해 말을 시작하면 끝까지 듣지 못하고 불쑥 끼어든다. 듣지 못하니 이해가 안 되고, 이해를 못 하니 재미가 없고, 재미가 없으니 집중하기 힘들다.

'듣는 행위'는 고도로 숙련된 상호작용이다. 듣기는 말하기와 쌍방향으로 짝을 이뤄야 의미가 생긴다. 일방적으로 말하기만 하면 상대방의 이야기를 듣지 못하고, 일방적으로 듣기만 하면 자기 내면의 이야기를 꺼낼 수 없다.

듣는 것을 낯설게 만드는 요인 중 하나는 아이들이 일방적으로 자기 이야기만 해서 상대방의 이야기를 듣는 힘이 길러지지 않았기 때문이다. 핵가족의 일상은 모든 것이 아이들 중심으로 이루어진다. 양육자의 눈과 귀가 아이들의 일거수일투족에 과도하게 집중되어 있다. 아이들은 모든 주의가 자신에게 집중되는 분위기에 익숙하고 자신의 의사 표현이 최우선으로 다루어지는 게 당연하다. 아이는 쉬이 자기조절 능력을 잃어버린다. 아기들이 배고픔이나 애착의 욕구를 표현할 때 양육자는 득달같이 그 욕구를 해결해 주려 한다. 하지만 즉각적으로 반응해주지 않을 때도 아이들은 '기다림'이라는 소중한 경험을 할 수 있다. 그 경험에서 자기 위로 능력이 길러지는데, 이를 대상 관계 이론에서는 '최적의 좌절'이라고 한다. 지나치게 즉각적인 반응을 해주는 부모에게서 자란 아이들은 공감 능력이 떨어지기도 한다. 사회적 관계를 맺으면서 이 아이들은 다른 사람들이 부모와 같지 않다는 것을 깨닫는다. 아이들은 자신의 주장을 내세우는 데 익숙하지만 다른 사람의 이야기를 경청하는 일을 몹시 힘들어한다. 아이들이 이토록 세상의 중심에서 '소중'하게 '격리'된 적이 있을까.

반대로 이야기를 듣지 못하게 하는 두 번째 요인은 강압적 분위기에서 자신의 진심을 말하지 못해서 결과적으로 내면의 소리를 듣지 못하게 되는 경우이다. 과업과 목적 중심의 대화, 강압적 대화는 아이들이 자신의 감정과 생각에 집중하는 것을 방해한다. 몸의 근육이 운동을 통해 단련되듯 마음의 근육은 경청을 통해 자라난다. 학교생활의 경우 주 양육자와 일대일로 만나는 가정환경과는 매우 다르다. 한 반에서 담임선생님이 다수의 아이를 돌봐야 하므로 물리적으로 모든 아이의 이야기를 들어줄 수 없다. 그러다 보면 자신을 표현하는 기회가 많이 사라진다. 성격이 내성적이라면 더욱 그렇다. 내가 좋아하는 것,

기뻤을 때, 짜증이 날 때, 행복할 때 등 그때그때 쏟아내지 못한 감정들은 내면에 쌓인다.

무언가로 가득 찬 방에는 아무리 맘에 드는 물건을 가져와도 간직할 수 없듯이, 듣기 위해서는 마음속에 가득 찬 이야기들을 비워내 줘야 한다. 내면에서 일어나는 두려움과 불안, 속상함, 미안함 등의 감정을 안전하게 쏟아내지 않으면 상대방의 말을 진심으로 듣기 힘들어진다. 눈을 마주하고 들어주는 사람이 있어야 그 이야기들을 비워낼 수 있다. 아이들이 판단이나 비난을 받을 걱정 없이 충분히 내면의 이야기를 쏟아내게 해야 다른 사람의 이야기를 들을 수 있는 여유가 생긴다.

정기적으로 놀이 수업을 하러 가는 곳이 있다. 거기 아이들은 내가 교실 문을 여는 순간 몰려들어 너나없이 한 주 동안 있었던 일을 늘어놓는다. '선생님, 선생님 제 말 좀 들어봐요.'라고 서로 자기 말 먼저 들어달라며 경쟁하듯 손을 잡아끈다. '저 신발 새로 샀어요.', '어제 00이가 실수로 던져서 저 이런 상처가 났어요.', '우리 엄마 아파서 병원 갔는데 동생 낳았어요.', '오늘 급식 맛있었어요.', '저 핸드폰 바꿨어요.' 등등 저마다의 뉴스들이 종잡을 수 없이 터져 나온다. 한 명씩 이야기하도록 순서를 정해주면 애가 타지만, 끝까지 기다렸다가 '저 이거 종이접기했어요.'라는 자랑 한마디만 하고 돌아서는 아이도 있다. 얼마나 말이 고팠을까. 들어주느라 시간이 걸리지만, 힘이 들진 않는다. 그냥 아이들이 하는 말에 '와~', '정말?'과 같은 감탄사만 넣어줘도 아이들은 만족한 얼굴로 떠난다. 귀엽다. 아이들이 늘어놓는 말들을 들어준 후 주말 동안 나에게 일어난 일을 들려준다. 토끼처럼 귀를 쫑긋 세우고 흥미롭게 듣는다. 그렇게 우리는 서서히 친구가 된다.

듣는 것을 재미있게

내가 초등학교 다닐 때였다. 학교 수업이 끝나고 아이들과 놀다 오후 4시 조금 넘어 집에 돌아온다. 집에 도착하자마자 주방 한쪽에 있던 상자에서 고구마를 꺼내 알맞게 잘라 기름에 굽고 그릇에 담아 물 엿을 쭉쭉 뿌린 다음 TV 앞에 앉는다. 그러면 5시부터 공중파 채널에서 만화영화가 방영한다. 20~30분쯤 하는 만화 한 편이 끝나면 곧이어 다른 채널에서 다음 만화가 시작한다. 당시 방영된 만화영화는 아기공룡 둘리, 스머프, 독수리 오 형제, 카드캡터 체리, 신비한 바다의 나디아, 베르사유의 장미, 형사 가제트, 두치와 뿌꾸, 사이버 포뮬러, 개구리 왕눈이, 날아라 슈퍼보드, 세일러문, 네티, 웨딩피치, 시간탐험대, 꾸러기 수비대, 드래곤볼, 빨강머리앤, 아벨탐험대, 영심이, 머털도사, 쥬라기 월드컵, 캡틴 플래닛, 톰과 제리, 플란다스의 개, 배추도사 무도사, 달려라 하니, 피구왕 통키, 은비까비 옛날이야기 등이 있었다. 남김없이 외우고 싶을 만큼 주옥같은 만화들이다. 만화 주제곡까지 줄줄 따라 부르면서 몰입해 봤던 기억이 있다. 어쩌면 학교 수업시간에 배운 내용보다도 세상을 보는 관점에 더 큰 영향을 미쳤던 것은 만화영화들이었다. 그중 가장 기억에 남는 것은 배추도사 무도사와 은비까비 시리즈였다. 이 시리즈는 다양한 이야기를 들려준다. 권선징악이 담긴 이야기도 있지만, 설화에 나올법한 신기한 내용이나, 지명의 유래나 동물들의 속성, 인간의 본성에 대한 성찰, 문제를 해결해나가는 기발한 슬기와 지혜를 담은 이야기들이었다. 그 이야기들이 너무 재밌어서 시간 가는 줄 몰랐다. 어른이 된 지금 다시 봐도 재미있어하는 내가 새삼 신기할 정도다.

이 만화들은 어른이 아이에게 들려주는 스토리텔링이었다. 입담이 좋은 어른이 옛이야기를 들려줄 때 아이들이 몰려들어 귀를 쫑긋 세우고 듣는 것은 얼마나 즐거운 일인가. 그리고 동네 아주머니들이 집에 놀러와 차를 마시고 담소를 나눌 때면 저만치 엎드려 숙제하는 척하며 귀를 크게 열고 듣던 마을의 대소사는 또 얼마나 흥미로웠나. 아이들끼리 어둑어둑한 곳에 숨어 들어가 불을 끄고 서로 돌아가며 귀신 이야기를 할 때 그 짜릿함은 또 얼마나 맘에 들던지. 나 아닌 다른 사람의 이야기를 듣는 것은 가슴이 두근대는 일이었다. 듣는 것은 즐거운 일이다.

듣기의 신비

한 대안학교의 2박 3일 평화교육 워크숍을 진행한 적이 있었다. 아침과 오후 시간을 활동과 놀이로 함께 보내고 저녁엔 자유시간을 가졌다. 한여름 밤 창문에 노을이 짙게 끼고 거실은 어둑어둑해졌다. 시원하게 샤워를 하고 머리도 말리지 않은 채 아이들이 거실로 하나둘 모여들었다. 편안한 의자에 앉고 그 몸에 기대어 서로를 베개 삼아 누웠다. 그러다 자연스럽게 누군가가 '나 책 읽어줘'라는 요청에 여름 저녁나절의 낭독회가 열렸다. 다른 누군가는 벽 한쪽에 있는 책 중 하나를 뽑아내 읽기 시작했다. 천천히, 또박또박, 한입에 넣기 좋게 썰린 돈가스 조각처럼 친절하게 문장을 나누어 읽어갔다. 풀벌레 소리를 배경음 삼아 한두 장 정도 읽다가 입안에 침이 마를 때쯤이면 다른 사람에게 넘겼다. 그렇게 그들은 한참 동안 책을 읽었고, 소리를 들었다. 십여 명이 넘는 아이들이 제각각의 모양대로 눕고 앉아 무언가를 듣고 있는 모습과 창밖의 노을, 그리고 상냥하게 가라앉은 목소리와 은은한 샴푸 향이 한데 어우러져 묘한 신비로움마저 느껴졌다.

아이들이 갈등의 길목에서 반드시 맞닥뜨리는 것은 듣고 말하기를 포기하는 순간이다. 듣는 것을 힘들어하거나, 자기가 듣고 싶은 것만 듣거나, 내면의 소리를 듣지 못하거나, 듣는 것에 재미를 못 느끼는 것은 갈등이 증폭되는 과정에 반드시 나타난다. 아이들과 갈등을 다룰 때 가장 먼저, 자주 하는 것이 경청연습이다. 듣는 것을 자연스럽게 하고 듣는 것을 즐겁게 하면 대부분 갈등과 오해는 저절로 풀린다.

"경청은 거룩하다. 상대방의 영혼에 귀 기울여 그의 삶을 들여

다보고 몰랐던 사실을 발견하고 이해하는 것은 인간으로서
행할 수 있는 최고의 봉사다."

- 더글라스 스티어

25. 소속감과 불안

아이들은 학교에서 집단생활을 시작하면서 '불안'을 경험한다. 학기 초 자신을 소개할 때 이상한 사람으로 보이지는 않을까, 쉬는 시간 화장실에 가거나 수학여행이나 체험 버스를 탈 때 혼자만 짝없이 있게 되지는 않을까 하는 걱정이 있다. 불안에 대처하는 방식은 매우 다양하게 나타난다. 먼저 맘에 드는 친구와 적극적으로 단짝 맺기, 매력적으로 보일 수 있는 아이템-게임 실력, 인기 있는 캐릭터 물품 나눠주기, 우스꽝스러운 행동하기 등-을 뽐내기, 인기 있는 그룹 주변을 맴돌기, 소극적으로 선택받기를 기다리기, 거절당하기 전에 그룹에 속하기를 스스로 거부하기 등의 전략을 가진다.

청소년이 되면 불안의 현상은 더 비가시적으로 숨어든다. SNS에서 누군가 자신을 욕하고 있지는 않을까, 튀는 행동을 했다가 무리로부터 미움을 받진 않을까, 믿었던 친구가 배신하지는 않을까, 약하게 보여서 자신이 무시당하지는 않을까 하는 걱정들을 가득 안게 된다. 이런 불안은 아무 의미 없는 작은 말과 행동에도 자극받아 쉽게 폭발한다. 거기서 오해가 생기고, 갈등이 싹 튼다. 그렇게 자신의 걱정과 불안의 탓을 서로에게 떠민다.

아이들이 가지고 있는 불안의 중심엔 인간이 본능적으로 가지는 '존재 죽음의 불안'이 있다. 이 불안을 인간은 기본적 욕구인 '소속감'으로 해소하려 한다. 어니스트 베커는 다양한 철학자들의 연구를 인용하여 인간은 자신의 유한성과 피조물성을 확인하는 불안에서 벗어나기 위해 다양한 전략을 만들었다고 한다. 영원한 존재를 창조해 그에게 자신을 투영하거나, 영웅과 자신을 동일시하거나, 강한 집단에 소속됨으로 약자성을 회피하려고 하거나, 성격이라는 갑옷을 만들어 에고의 노예가 되어버리는 등의 행동을 한다는 것이다. 이 모든 것은 육체의 죽음을 직면하지 못하고 부풀린 자아감과 존재감을 끊임없이 확인하고 재구축하며 영원히 존재할 에고를 만들기 위해 하는 행동들이다. 하지만 이런 노력은 존재의 본질에는 가닿지 못한다. 이것이 유한한 인간이 가지게 되는 존재 죽음의 불안이며, 이 불안을 해소하기 위해 인간은 소속감이라는 허울에 더욱 집착하게 된다.

아이들도 마찬가지다. 소속되지 못한다는 것은 존재의 죽음과 연결된다는 것을 안다. 이 불안을 적절히 통제하고 잘 다룰 수 있는 튼튼한 존재의 기반을 가진 아이들은 다른 친구들이 자신을 싫어하거나 거부해도 쉬이 좌절하지 않고 다른 대안을 유연하게 찾아 나선다. 불안을 다루는 힘이 약한 친구들은 자책하거나 파괴적인 관계에 더욱 매달린다. 집착하는 마음은 상대방에 지나친 충성심을 보이거나 거꾸로 분노와 미움으로 변하기도 한다. 청소년기에는 존재의 불안을 서로 도닥이며 의지할 또래집단이 매우 중요하다. 또래집단은 어른들이 대신할 수 없는 영역이고, 서로의 불안에 대한 깊은 공감은 끈끈한 연대감을 만들어준다.

많은 학교폭력은 아이들이 또래집단에 소속되거나 제외되는 과정에서 발생한다. 본능적으로 '매력적인' 집단에 소속되길 원하는 아이들은 자신이 원하는 또래집단에 소속될 가치가 있는 강한 사람으로 보이기 위해 상대적 약자를 만들어 비교우위에 서는 것으로 힘을 확인한다. 괜히 화장실에 가서 누군가를 위협한다든지, 지나가면서 무리를 지어 비아냥대거나 욕을 뱉는다든지 SNS를 통해 공격할 대상을 정해놓고 불특정 다수와 함께 비하한다. 더 나아가면 주먹다짐으로 번지기까지 한다.

결과는 바람직하지 않지만, 다른 측면에서 보면 그들에게 이것은 서로를 의지해 자신의 불안을 잠재우는 방식이었다. 이런 아이들을 분리해놓고, 소통을 못 하게 하고, 뿔뿔이 강제전학을 시키는 것은 문제를 더 키우는 꼴이 된다. 서로를 붙들고 있던 팔을 떼어놓고 벼랑으로 내모는 것과 같다. 당장은 잠잠해지는 듯 보인다. 하지만 결과적으로 역효과가 난다. 학교라는 울타리 밖에서 그들은 언제든 마주칠 수 있고, 폭력과 피해는 통제를 벗어나 더 넓고 분방해질 가능성이 크다. 아이들은 경험대로 삶을 깨우칠 수밖에 없다. '세상은 더 큰 힘이 필요하다'라는 약육강식의 질서를 맹신하거나 '나를 돕는 것은 나쁜'이라는 고립무원의 태도로 사회에 나동그라질 수 있다.

소속감 문제로 고민이 있다 해도 타인에게 토로하기는 쉽지 않다. 또래집단에 속하지 못한다는 것은 사회적 관계를 맺는 힘과 매력의 부족으로 간주하기 때문에 스스로 허물을 드러내는 건 누구에게나 여간 어려운 일이 아니다. 아울러 또래 관계는 어른들의 언어와 다르게 소통한다. 어른이 개입하기 까다로운 이유다. 소속감 문제에서 발생하는 소외는 어느 누군가의 잘못이라기보다 '개개인의 취향이나 호감과 특성'을 구실삼아 벌어지는 측면이 크기 때문에 누구 하나를 콕 집어 타이르거나 설득해 아이들의 죄책감을 건드리는 방식은 갈등을 심화시킨다. 소속감 때문에 생긴 갈등은 개인의 양심과 태도에 호소하기보다 교실 내 상호호의적인 환경을 조성하는 구조적인 방식으로 다루어야 한다.

우리가 하려는 것은 자명하다. 존재의 불안을 자극하지 않으면서 배타적이거나 폭력적인 집단이 되지 않도록 (심리적, 정서적, 신체적으로) 안전한 공간을 구축해야 한다. 자신이 속한 그룹의 가치를 올리기 위해 구태여 힘의 '우위'를 점할 필요가 없다는 것을 확인하고, 우주에서 각자의 중력을 유지할 수 있게끔 해주면 된다. 아이들이 서로를 안전하게 탐험할 기회를 마련하고, 자신이 가진 다양한 잠재력을 발견하도록 하는 일, 소속은 언제든 자연스레 바뀔 수 있다는 유연함과, 낯선 사람들에게서 환대를 경험하고, 어느 한쪽이 아닌 다양한 사람들과 편을 이루어보며 그 경험이 즐거울 수 있다는 것을 깨닫게 해야 한다. 존재의 불안을 자극받지 않으면서 대안을 찾아갈 수 있는 길은 분명 있다.

26. 자기선택과 책임을 외면하기

농촌 지역은 노선버스의 배차 간격이 길고 정류장도 집에서 한참이기 때문에 시간 맞추기가 여간 어려운 게 아니다. 시간표에 맞춰 정류장에 나가더라도 승객이 드문 곳이라 기사님이 미처 나를 못 보고 지나가 버리기 일쑤였다. 하는 수 없이 다음 차를 기다리거나 택시를 불러야 하는 날도 잦았다. 그러던 중 우연히 중고차가 생겼다. 낡은 승용차라 오래 타기엔 조심스러웠지만, 꽤나 도움이 되었다. 물론 오래된 차의 상태가 멀쩡하진 않았다. 브레이크가 살짝 밀렸다. 브레이크 페달을 아무리 세게 밟아도 제동이 바로 되지 않았다. 정차하기 한참 전에 미리 브레이크를 밟고 다른 차의 뒤꽁무니는 애써 피해 다녀야 했다. 어느 날 아침, 읍내 방향으로 향하는 차량이 줄지어 달리다 앞에 달리던 차가 별안간 좌측골목으로 빠지면서 바로 내 앞의 차가 급브레이크를 밟게 됐다. 내 고물차의 상태를 인지하고 있던 나는 나름 충분히 안전거리를 뒀지만, 예상치 못한 급제동에 바로 앞에 있던 경차를 '콩' 하고 추돌하고 말았다. 순간 당황했다. 갓길 쪽으로 차를 세웠다. 내리자마자 '괜찮으세요?'라며 앞의 차 뒷 범퍼를 허둥지둥 살폈다. 다행히 눈에 띄는 흠집은 없었고 내 차 앞쪽 그릴 부분만 살짝 찌그러진 게 피해의 전부였다. 앞차에서 내린 운전자분은 뜻밖에 군청에서 일하던 안면이 있는 분이었다. 송구함과 염치없는 반가움이 함께 밀려올 때쯤 "이걸 어떡해, 좀 조심히 오시지~."라며 다소 언짢음이 서린 말이 날아왔다. 순간 내가 '미안하다'라는 말을 꺼내지 않았다는 사실과 더불어 갑작스러운 상대방의 급제동을 항변하고 싶은 마음이 동시에 치미는 것을 느꼈다. 잠시 말을 고르던 끝에 나는 어디 다치신 데는 없는지, 차가 오래되어서 브레이크가 많이 밀렸다며 자초지종을 설명한 뒤 "정말, 죄송해요."라고 사과했다. 상대방은 이내 자기도 예전에 그런 차를 탔었다면서 괜찮다고 목소리가 한결 누그러졌다. 자기 차는 나중에 다시 한번 보고 별일 있으면 연락하겠다 하신다. 상대방이 언짢음을 드러낸 순간 '그렇게 갑자기 멈추면 어떡하냐…'는 억울함을 접어두고 '죄송하다'라는 말이 먼저 치고 나온 것에 안도했다.

내 차가 값비싼 차가 아니었기도 했고 상대방의 피해가 생각보다 대수롭지 않아 보인 덕택이었을 수 있지만, 다행히도 나는 잘못을 인정하고 사과를 먼저 건넸다. 대부분 갈등상황과 마찬가지로 진심을 담은 '미안해'라는 말은 절대 풀리지 않을 것 같은 복잡한 실타래를 풀어내는 중요한 말이다. 하지만 그 말은 늘 지레 무거워 보이기 마련이라서 하기 어렵다. 하고 나면 아주 간단한 말이지만, 하기 전에는 또 너무 복잡한 말인 것이 '미안해'이다.

실제 갈등대치 상태에서 미안하다는 말은 쉽게 나오지 않는다. 갈등을 다루다 보면 대화가 겉돌 때가 있는데 당사자가 자신의 잘못을 인정하지 않고 상대방에게서 원인을 계속 찾을 때이다. 자기 잘못을 인정하지 않는 대화는 비난으로 채워져 서로를 수세적으로 만들고 끝내 대화 자체를 거부하게 만든다. 이런 이유로 아이들의 갈등을 많이 다뤄본 선생님일수록 직접 만나서 대화하는 것 자체를 꺼리는 분이 꽤 많다. 대화를 해봤자 자신의 잘못을 인정하지 않거나 진심 없는 겉치레로 더 큰 감정의 골만 남기게 되는 경험을 많이 했기 때문일 것이다. 오히려 만나지 않고 시간이 지나길 기다리는 때도 있다.

그렇다면 '잘못 인정하기'와 '자기 책임지기'는 왜 어려운 걸까? 대화가 진행되면서 자신의 잘못을 스스로 인정하고 기꺼이 진심을 담아 '미안함'을 표현할 수 있는 흐름이 만들어지지 않기 때문일 것이다.

그 대표적인 이유는 우리가 처벌과 책임을 동의어로 취급하기 때문이다. 처벌은 외적인 제재이고, 책임은 내면에서 우러나와 스스로 선택하는 것이다. 이것은 전혀 닮은 구석이 없는 말이다. 잘못이나 실수를 했을 때 처벌로 이어지는 경험을 우리는 마땅하게 여긴다. 애초 잘못을 스스로 인정하는 용기와 문제해결의 책임을 지려는 선택보다 그에 상응하는 처벌과 훈육이 우선인 경우를 자주 본다. 응보적인 구색 맞추기가 문제해결과 회복보다 앞서는 것이다. 잘못을 인정하는 것이 곧 처벌적 행동(혼내기, 수치심 주기, 조언하기, 훈계하기, 때리기, 신체 구속되기 등)을 수긍하는 일이기 때문에 누구든 당연히, 잘못의 인정보다 자신을 방어하는 쪽을 선택할 수밖에 없다. 어떤 어른들은 솔직하게 잘못을 인정하면 용서해 주겠다고 해 놓고 잘못을 인정하면 말을 바꾸어 처벌을 내리기도 한다. 혹은 처벌은 주지 않아도 언제든 문제를 일으킬 수 있는 문제아라는 의심스러운 눈초리로 낙인을 찍는다.

처벌방식이 가지는 핵심적인 실수는 당사자들의 '선택권'을 빼앗는 데 있다. '선택하기'는 '자기 책임지기'와 한 묶음으로 이어져 있다. 스스로 선택하지 않은 것은 아무리 좋은 대안이나 해결책이라 할지라도 자신의 것이 아니다. 처벌이 자발적인 자기 책임과 잘못에 대한 진심 어린 인정으로 연결되지 않는 이유이다. 강요받은 선택은 내 것이 아니고, 내 선택이 아닌 것은 소중히 여기지 않는다. 처벌의 방식은 결과적으로 책임을 회피하는 길을 알려주고 있다.

중요한 것은 스스로 선택하게 하는 것이다. 스스로 선택한 것만큼은 힘들더라도 책임을 지기 위해 노력한다. 선택하도록 돕는 방식에는 여러 가지가 있다. 자신이 어떤 일을 저질렀는지 피해당사자의 목소리를 직접 듣게 하는 것, 자신이 한 행동으로 인해 미친 영향을 직접 목격하게 하는 것이다. 그 고통의 순간을 고스란히 듣고 보게 하는 것이야말로 진정한 뉘우침과 자기선택으로 나오게 만드는 힘을 준다. 진심으로 뉘우치고 사과를 먼저 건네는 것이 '지는 것'이 아니다. 처벌 뒤에 숨는 것이 지는 것이다.

27. 포기할 수 없는 욕구 : '재미'

어느 날 초등학교 아이들이 잘 놀다가 누구 하나가 울음보를 터뜨리며 다가왔다. 찬승이는 서럽게 울면서 원망 가득한 목소리로 말한다.

"선생님, 하영이 누나가 저를 밟았어요. 그래 놓고 미안하다고
도 안 해요."

내가 뭐라 물어보기도 전에 뒤에 있던 하영이가 날카롭게 반격한다.

"너가 안 보이는 데 누워있었잖아! 내가 일부러 밟은 것도 아
니고, 별로 다친 것도 없으면서 엄살은!!!"
"저거 봐요. 자기가 밟아놓고 나한테 뭐라 그래요. 누나가 먼
저 밟았으니까 미안하다고 해야지!!"
"뭐래니? 너가 아무 데나 누워있었으면서! 난 못 봤다고!"

이쯤 되니 막막해진다. 둘 다 '의도적인' 잘못은 없고, '실수'만 있는데, 하영이는 그 실수를 용납할 수 없어 오기를 부리기 시작한다. 찬승이는 여전히 울고 악을 쓰며 소리를 지른다. 아픈 것보다도 하영이 누나가 자기는 잘못 없다고 선을 긋고 인정하지 않는 게 억울하다. 그야 말로 자존심 싸움이다. 이런 경우엔 사실관계나 숨겨진 진심은 없다. 찬승이는 미안해하지 않는 누나가 괘씸하고, 하영이는 미안한 마음이 있어도 악을 쓰며 대드는 찬승이에게 굽히고 싶지 않다.

복잡한 마음에 머릿속으로 많은 생각이 오갔다. 서로의 입장에 서서 바라보도록 해야 할까, 둘 다 잘못했다고 판결을 내려주어 말뿐인 사과라도 시켜서 서로 무마하게 할까. 에라 모르겠다. 일단은 둘에게 의자에 앉아달라고 부탁했다. 찬승이는 여전히 울지만, 선생님이 자기 편을 들어줄 거라는 기대로 앉아 있고, 하영이는 약간의 긴장과 함께 쭈뼛거리며 앉는다.

"자, 무슨 일이 있었는지 다시 얘기해볼까?"

질문을 던지니 하영이와 찬승이의 눈빛이 팽팽하게 부딪힌다. 그때 이 상황을 불안한 마음으로 옆에서 지켜보던 하영이의 친동생이자 찬승이의 단짝인 하준이가 내 옆으로 슬금슬금 다가와 너스레를 떨기 시작한다. 누나 혹은 단짝, 둘 중 섣불리 어느 편도 들 수 없어 불편해하던 녀석이었다.

"선생님~ 아까 되게 큰 돌멩이가 굴러가다 찬승이를 깔아뭉 갰어요. 근데 돌멩이가 꼭 누나같이 생겨서요. 그래서 내가 그 돌멩이를 물리쳐 줬어요!"

순간, 하영이와 찬승이 둘 다 웃음이 터졌다. 하영이는 동생 하준 이의 어이없는 놀림이 찬승이에게 남아있는 미안한 마음을 가볍게 해 줘서 웃었고, 찬승이는 하준이가 자신의 억울한 마음을 대변해 준 게 통쾌해서 웃음을 터트렸다. 그렇게 울다 웃음이 터진 찬승이는 마음이 풀렸고, 하영이도 무안한 마음에 약간은 과한 액션으로 하준이를 때리 는 척하며 우당탕 넘어갔다. 나도 두 아이가 웃으면서 신경전을 내려 놓자 그냥 일어나 함께 웃으며 대화를 닫았다.

이 간결한 사례는 갈등을 다루는 데 있어 또 다른 중요한 요소들 을 소개한다. 갈등 당사자의 첨예함과 거리를 둘 수 있는 제3의 인물이 갈등 해결에 얼마나 중요한지, 또 하나는 진지한 대화만큼이나 재미와 익살, 유머와 농담이 갈등을 전환하는 데 유용하게 작용한다는 점이 다. 특히 갈등이 자존심 싸움이 될 때는 더더욱 그렇다.

교육학자 파커 파머는 사람들이 자기 자신과 생생한 만남을 회피하고 싶어 자신을 소외시키는 기술을 배운다고 한다. 생생한 만남을 회피하게 만드는 것은 '공포'인데, 그 공포는 여러 층위를 가지고 있다. 그 첫 번째가 나 아닌 다른 진리가 있을지 모른다는 '다양성에 대한 공포', 두 번째는 그 다양성끼리 부딪혔을 때 필연적으로 겪게 되는 '갈등의 공포', 세 번째는 경쟁에서 패배하면 자신의 정체성을 상실할지도 모른다는 '정체성 상실의 공포', 네 번째는 앞의 세 가지 공포를 극복한 후 마지막으로 타자와의 생생한 만남이 '내 삶을 바꾸어 놓을지도 모른다는 공포'이다. 내게 익숙한 방식과 환경에서 벗어나 새로운 사실과 가치, 이론, 생활방식을 경험하라는 요청은 위협적으로 느껴진다. 하지만 이런 공포는 피할 수 없다. 다른 사람과 어울려 살아간다는 것은 이런 공포를 겪어내고 성장하는 과정이므로 필연적이다. 두렵지만 가야 하는 길이고, 그 길을 주저앉거나 회피한다면 몸은 자랐을지라도 마음은 그대로인 어린아이로 머물 수밖에 없다.

이런 공포를 마주하고 있는 아이들에게 '놀이'와 '재미'는 긴장된 몸과 마음을 풀고 새로운 것들과 부드럽게 만나도록 돕는 요긴한 윤활유이다. 파커 파머도 성찰하고, 숙고하고, 파악하고 인식하는 능력이자 다른 문화와 다른 생각을 경험하고 이해하는 능력이 '유희의 핵심'이라고 말한다. 아이들은(어른들도 마찬가지로) 익숙지 않은 새로운 관점과 생각을 받아들이기 위해서는 '재미'라는 요소가 꼭 필요하다. 재미가 없다면 아이들은 금세 흥미를 잃고 서로가 가진 차이점에 경계하며 긴장할 것이고, 그 차이점은 '다름'이 아니라 '틀림'이라고 쉽게 단정할 것이다. 썩 맘에 들지 않는 친구라도 재미있는 시간을 함께 보내다 보면 자연스레 친구가 된다. 아이들 사이에 날카로운 지적과 비난이 오가는 학급을 관찰해보면 아쉽게도 그 반엔 능청스럽고 유머러스한 아이가 없는 경우가 많다. 게다가 담임선생님도 엄숙한 스타일이면 그 분위기는 더 삼엄하고 날카로워진다.

만약 아이들의 관계에서 '재미'라는 요소를 뺀다면 어떤 일이 벌어질까. 아마도 아이들은 지루함을 견디다 못해 누군가를 괴롭혀서라도 그 자극을 재미 삼는 경우가 생길 수 있다. 갈등이 발생했을 때 대화는 꼭 필요하지만, 본인 입으로 잘잘못을 남김없이 시인하게 하는 것이 관계를 더 꼬이게 만드는 역효과를 내기도 한다. 자존심을 부리는 친구를 막다른 골목으로 몰아붙이지 않고 와락 함께 웃는 일 역시 서로의 눈을 보며 대화하는 것 못지않게 장한 일이다. 어른의 기준으로 보자면 웃음으로 얼렁뚱땅 눙치는 것처럼 보일지 모른다.

하지만 판결보다는 해결이 중요하다. 아이들은 항상 웃을 준비가 되어 있다. 눈만 마주쳐도 싱긋 미소를 띠고 별 것 아닌 몸짓에도 꺄르르 숨이 넘어간다. 스스로 공포를 마주할 자세가 준비되어 있다. 재미라는 욕구는, 보이지 않아도 공기처럼 늘 거기 있다. 그 공기를 마시며 아이들은 타인을 향해 마음을 연다. 어른이 될수록 재미는 뒤로 밀려난다. 그 순간 숨을 참아내느라 얼굴이 벌겋게 달아오르는 것을 본다. 그냥 숨을 쉬면 될 것을. 그냥 재미있게 같이 놀면 될 것을, 못내 아쉽다.

★★★★★ 재미

28. 조각난 진실

불교의 열반경에는 군맹무상(群盲撫象), 맹인 코끼리 만지기라는 우화가 실려 있다. 고대 인도 경면왕이 앞을 보지 못하는 자들을 불러 모아 큰 코끼리를 끌고 오게 한다. 그 후 각자에게 코끼리를 만져보게 한 후 "코끼리가 어떻게 생겼느냐?"라고 질문을 한다. 그랬더니 사람들은 자신이 만져본 부위에 따라 다르게 대답한다. 상아를 만져본 맹인은 '무와 같습니다.'라고 말하고, 귀를 만져본 자는 '키와 같습니다.'라고 말한다. 그리고 머리를 만져본 사람은 '마치 돌과 같습니다.'라고 대답하며, 코를 만져본 이는 '마치 절굿공이와 같습니다.'라고 답하고, 다리를 만져본 이는 '마치 널빤지와 같사옵니다.'라고 하며, 꼬리를 만져본 이는 '마치 새끼줄과 같사옵니다.'라고 대답한다.

학교폭력 중에서 사실관계를 확인하기 힘든 사건은 진실 공방이 뒤따르기도 한다. 각자의 경험이 진실이라고 주장하며 자신의 이해와 충돌되는 견해를 이야기하는 사람은 '거짓된 자'로 일축해 적대적인 관계가 된다. 사실을 확인하는 과정에서 아이들은 서로의 상처를 더 깊게 만든다. 자신이 참이려면 상대가 거짓이어야 하는 시소 싸움에서 벗어나지 못하고 치열하게 싸운다. 하지만 실제 아이들의 갈등을 들여다보면 모두가 소중한 진실을 품고 있다는 것을 발견한다. 이때 아이들은 맹인이 코끼리를 만지는 것과 비슷한 경험을 하고 있음을 알게 되는데, 각자가 하는 말은 모두가 진실인 동시에 서로의 진실을 위배하지 않는다. 이를 '조각난 진실'이라 말하고 싶다.

갈등을 경험하는 아이들은 '사실'의 세계에서 싸움을 시작한다. 자신의 피해를 객관적 언어로 풀어내야 하므로 정확한 시기, 장소, 행동 등의 증거를 수집하듯이 모은다. 이 과정에서 당사자들끼리 어긋나는 증언들이 있다면 그 증언 중 어느 쪽이 맞는 것인지 대조한다. 양쪽 당사자를 대면시켜 사실 여부를 정확하게 확인하다 보면 심문을 받는 듯한 분위기 때문에 갈등의 골은 깊어진다. 그래서 사실확인의 과정은 때로 '잘못한 게 있다면 네 입으로 시인하는 게 좋을 거야'라는 심리적 압박으로 이해되기도 한다. 그럴 때 그 아이는 자신의 부정적 감정을 실제보다 강화하고 자신의 행동은 작게, 상대방의 잘못은 크게 왜곡한다. 그 과정에서 사실관계가 흐려지면 어른들은 아이들의 평소 품행을 연관 지어 기울어진 관점으로 보거나 개인적인 판단을 개입시킬 가능성이 있다. 사실 공방을 벌이는 사건일수록 피해/가해를 구분하는 것이 매우 모호해서 피해와 가해로 단정하는 것 자체가 또 다른 갈등을 파생시키기도 한다.

갈등의 전환이란 '사실'의 세계에서 '진실'의 세계로의 전환을 의미한다. 중요한 것은 옳고 그름, 사실관계가 아니다. 서로가 가지고 있는 진실을 확인하는 일이다. 사실의 세계에 있는 아이들의 경험 안에서 진실의 세계를 꺼내야 한다. 진실의 세계는 각자 내면의 욕구에 집중하는 곳이다. 그곳에서는 각자의 다른 진실이 서로를 해치거나 위협하지 않는다. 자신이 옳다고 굳게 믿고 있는 진실의 조각을 움켜쥐며 방어할 필요도 없다. 서로의 진실을 대화로 꺼내어 확인하다 보면 각자가 소중히 거머쥔 그 진실이 배타적인 전부가 아닌 일부의 조각인 것을 깨닫게 된다. '내가 가진 게 전부가 아닐 수 있겠구나'라고 알아차리는 순간 관점의 변화가 일어난다. 그리고 각자가 움켜쥐고 있던 조각난 진실을 내려놓게 되고 나머지 조각들을 하나하나 맞춰 전체 그림을 만들어낸다.

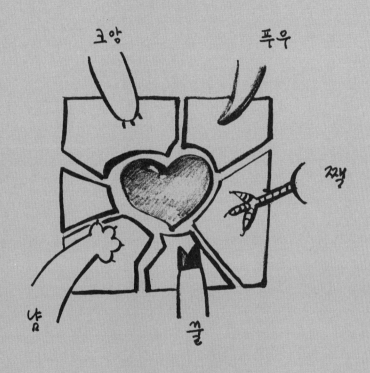

5부. 회복 탄력성을 믿고 안개 속으로 발걸음 내딛기

학교폭력은 다양한 원인으로 일어난다. 양육자의 태도, 아이의 기질과 성향, 주변의 반응, 환경적인 요인 등 학교폭력을 일으키는 모든 요인을 완벽하게 통제하고 미리 방지하기란 사실상 불가능에 가깝다. 다만 이 자명한 한계를 인정하고서 '해야 하는 일'을 하나씩 하나씩 '할 수 있는 일'로 만들어나가는 것이 우리가 지향할 목표이다.

먼저 가정에서 아이들에게 해야 하는 일은 안정적인 애착 관계를 만들어 주는 것이다. 애착 이론을 발전시킨 정신분석가 존 볼비(John Bowlby)는 양육자란 유아에게 세상을 탐구하는 "안전기지"이며, 언제라도 되돌아가 "정서적 재충전"을 할 수 있는 대상이라고 말한다. 아이들은 양육자의 애정이 담긴 칭찬, 안도감, 안전한 느낌에서 자신의 불안을 다루고 자신감을 발달시킨다. 양육자로부터 받는 지지와 애착을 사이먼은 "내면의 황금단지"라고 표현했다. 성장하면서 도전에 맞서는 힘과 좌절에서 회복하는 능력, 타인에게 애정과 친밀함을 충분히 즐기는 능력은 내면의 황금단지가 얼마나 채워져 있느냐에 영향을 받는다. 이 황금단지가 잘 채워진 아이일수록 자존감과 공감 능력이 높다. 그것은 학교폭력에 휩싸이더라도 스스로 극복해낼 수 있는 가장 큰 밑천이다.

학교에서 할 일은 갈등이 생겼을 때 해결하는 방법을 배울 수 있도록 안전기지를 만들어 주는 것이다. 우리는 학교폭력을 경험한 아이들에게서 표면적으로 드러난 피해와 함께 보이지 않는 피해들을 함께 발견해야 한다. 가해 당사자는 후회와 절망, 좌절과 분노를 느꼈을 것이고, 피해당사자는 두려움, 낮아진 자존감, 불안에 휩싸일 것이다. 심리적 외상은 학교폭력이 처리되는 과정에서 더 심화될 수도 있는데, 학교폭력 처리 과정은 심리적 외상을 다루지 않기 때문이다. 아이들은 왜 이런 일이 일어났는지를 정확하게 이해함으로써 자기 비난에서 벗어나고 불특정 다수에 대한 분노를 해소할 수 있다. 그것은 당사자들 간의 충분한 자기표현과 자신/상대에 대한 충분한 이해에서 비롯된다. 물론 갈등의 당사자가 서로 직접 대면하는 일은 어려운 일이고 큰 용기가 필요하다. 학교폭력이 벌어지기 이전에 대화가 이루어질 수 있다면 가장 이상적이겠지만, 벌어진 이후나 심의가 다 끝나고 처벌이 이뤄진 후라도 끝끝내 대화의 희망을 버려서는 안 된다. 대화의 기회와 용기를 부추겨주어 아이들이 그 사건에서 진정 자유로워질 수 있게끔 도와야 한다.

아이들은 함께 살아가는 법을 배우기 위해 대화를 익히고 대화를 통해 상대방의 마음을 유추하며 마음 공유지능을 높여간다. 그 과정에서 아이들은 실수를 저지르면서 그 실수를 딛고 한 뼘씩 성장하게 된다. 우리는 대화라는 도구를 이용해 공감과 자기 이해를 깊게 하려고 한다. 서로를 사물이 아닌 동등한 인간으로 보는 순간들을 한 컷씩 늘려가는 일, 나 아닌 타인의 모습에서 '나'를 발견해 나가는 일을 하려고 한다. 이것은 반드시 해야 할 일이고, 분명히 할 수 있는 일이다.

> "외상 후 성장으로 가는 길에 정서적 고통이 깔려 있을지라도, 대부분 사람이 시간의 흐름에 따라 잘 적응하고, 자신에 대해, 타인과 관계를 맺는 방식에 대해, 그리고 인생의 의미에 대해 상당히 많은 것들을 배우게 된다."
>
> -Stephen Joseph, 『외상 후 성장의 과학』

> "우리는 삶 속에서 논리적인 사고로는 화해될 수 없는 대립들을 화해시켜야 하는 상황에 종종 놓이게 된다. 삶의 전형적인 문제들은 평범한 존재의 수준에서는 풀리지 않는다. 교육에서 자유와 규율의 요구를 어떻게 화해시킬 수 있는가? 사실 수많은 어머니와 교사들이 그 일을 해내고 있지만, 누구도 그 해법을 글로 적지 못한다. 그들은 그 대립들을 초월한 높은 수준의 힘을 끌어들임으로써 화해시키는 것이다. 그것은 바로 사랑의 힘이다."
>
> -E. F. 슈마허, 『작은 것이 아름답다』

29. 갈등을 새롭게 보기

갈등하면 부정적인 단어들이 먼저 떠오른다. 갈등을 만나면 힘들어 피하고 싶고, 속상하고 화가 나는 감정이 들고, 해결되기까지 마음이 무겁다. 갈등에 딸려오는 부정적인 이미지들 때문에 사람들은 '갈등은 나쁘다'라는 가치판단으로 연결한다. 나쁜 것이 평온해야 할 내 일상을 집어삼켰다고 생각하면 무기력감이나 우울감, 과한 분노가 올라온다. 결과적으로 갈등으로 인해 힘든 상태에서는 일상을 이어나가기 힘들어한다. 갈등전환의 새로운 길을 찾아가기 전 우리는 가장 먼저 갈등을 새로운 눈으로 보아야 한다. 나쁜 갈등이 길게 드리운 그림자에 갇혀 힘들어했다면 갈등에서 한 발자국 떨어져서 갈등이 왜 내게 왔는지 말을 걸어 보며 새로운 관점을 찾을 수 있다.

갈등은 좋고 나쁜 것이 아니다.

우리가 오랫동안 학습한 자동반응이 있다. 갈등은 나쁜 것이기 때문에 피하거나 만들지 말아야 한다고 생각하고, 운이 나쁘게 발생했다면 이기고 지는 싸움으로 만들어 정당성을 확보해 이겨야 한다고 생각한다. 갈등은 좋고 나쁨의 가치판단으로 나누어질 수 없다. 갈등은 그냥 있을 수밖에 없으니 그 자리에 있는 것이다. 나를 괴롭히거나, 누군가에게 굴복시키기 위해 있지 않다. 좋고 나쁨의 가치판단에서 벗어난다면 갈등이 왔을 때 필요 이상으로 방어적으로 되거나 과한 감정적인 반응을 보이지 않을 수 있다. 결과적으로 좀 더 갈등을 정확하게 볼 수 있는 눈이 생긴다.

갈등은 소중한 관계에서 일어난다.

갈등은 생판 남인 사람과 겪지 않는다. 모르는 사람이나 한 번 마주치고 말 것 같은 사람과는 굳이 큰 문제를 만들지 않고 갈등을 피할 수 있는 마음의 여유가 생긴다. 그런데 아이러니하게도 가장 가까이 있거나, 내가 가장 좋아하는 사람이거나, 나를 가장 잘 아는 사람과 가장 첨예한 갈등이 발생하기 마련이다. 즉, 갈등은 애정과 관심의 다른 말이라고도 볼 수 있다. 지키고 싶은 소중한 관계일수록 더 격정적인 갈등이 일어난다.

갈등은 성장할 때라는 것을 알려주는 알림톡이다.

갈등은 우리가 서로의 관계 속에서 배워야 할 것이 남아있다는 것을 알려주는 신호음과 같다. 그렇다면 상대방을 비난하는 시선을 거두어 내면을 들여다봐야 한다. 매번 다른 사람들을 만나는데 같은 갈등이 반복되고 있다면 명백하게 내가 그 지점에서 성장하고 있지 못하고 있다는 방증이다. 갈등이 찾아왔다면 짜증이나 화를 내며 이기려 하거나 회피하기보다는 '아, 내가 뭔가를 배워야 하는 때가 왔구나. 내가 성장할 기회구나!'라고 알아차릴 수 있다. 험상궂은 얼굴인 것 같던 갈등이 미소를 띠고 있었다는 것을 볼 수 있게 된다.

갈등을 통해 관계는 새로워지고 더 깊어진다.

갈등은 당사자들이 함께 넘어서야 할 언덕이다. 그 언덕을 힘들다고 피하면 결국 또 다른 사람과 그 언덕을 마주하게 될 것이다. 그 언덕을 넘어서는 것이 다시는 같은 언덕을 마주하지 않는 확실한 방법이다. 갈등 당사자들이 함께 땀을 뻘뻘 흘리며 힘들게 그 언덕을 넘는다면 그 둘 사이의 관계는 이전보다 더 깊어지게 된다. 언덕을 함께 넘은 후 일상을 같이 하지 못한다고 할지라도 더 새롭고 깊은 인연을 만날 준비가 된다.

갈등은 누구에게나 일어난다.

갈등 당사자들은 '왜 나에게만 이런 일이 일어났나.'라며 불운한 자신을 탓하며 힘들어한다. 그러나 조금만 고개를 들어보면 사실이 아님을 곧 깨닫는다. 혼자만 험한 언덕을 마주한 줄 알았는데, 알고 보니 다른 사람들도 나와 비슷한 경험을 하고 있음을 알 수 있다. 기구한 운명을 가진 자신을 연민하느라 갈등을 제대로 보지 못하다가도 갈등은 누구에게나 일어날 수 있는 일이라는 관점의 전환은 좀 더 담담하게 상황을 받아들일 수 있도록 돕는다.

관계를 맺고 있는 모든 사람은 다양한 갈등을 겪고 있다. 그 크기와 강도가 다를 뿐이다. 그래서 우리에게 필요한 것이 중재자이다. 갈등에 빠진 당사자들이 눈앞에 거대해 보이는 언덕을 마주하고, 끝날 것 같지 않은 길을 걸어가고 있을 때, 어떤 것이 길이고 어떤 것이 길이 아닌지, 그리고 그 길은 어디로 향하고 있고 얼마나 걸어야 하는지 나침반 역할을 해줄 수 있는 안내자가 있다면 얼마나 안심이 될까. 갈등의 당사자일 때 상대방의 마음에 공감하며 듣기란 쉽지 않기 때문에 모든 사람은 자신의 갈등을 풀어가기 위해 중재자의 도움이 필요하다. 그런데 실상 갈등상태가 되면 중재자에게 도움을 요청하기 쉽지 않은 것 또한 사실이다. 한국의 정서상 체면 문화와 개인의 문제가 드러나는 것을 수치스러워하는 분위기 때문에 제삼자의 개입을 꺼리기도 한다. 이는 마치 모두가 같은 병을 앓고 있으면서도 서로 모른 척해야 하는 무대 위 블랙코미디를 보고 있는 듯하다.

이제 갈등이 온다면 우리는 어떤 마음이 될까. 그림자에서 벗어나 갈등의 맨 얼굴을 보니 갈등은 누구에게나 일어날 수 있는 일, 소중한 사람과의 관계에서 일어나는 일, 무언가를 성장시키는 기회이자, 더 깊고 새로워지는 관계를 만들 수 있는 일이 된다. 거기에 중립을 지킬 수 있는 중재자의 도움을 받을 수 있다면 두려울 것이 없다. 대화를 통해 갈등의 언덕을 성공적으로 넘어선 기억들이 하나둘 쌓일 때마다 자신감이 생긴다. 아니 오히려 갈등이 온다면 두 팔 벌려 환영하게 될 것이다. 이쯤 되면 기대된다. 갈등이 언제나 찾아올까 내심 기다리는 마음도 생긴다. 매번 미움받고 천대받던 갈등이 사람들에게 환영받으면 얼마나 눈물이 날까.

30. 깊이 듣기

눈이 펑펑 내려 세상천지가 하얗다. 아침 볕을 반사하는 숫눈 위로, 한 사람의 발자국이 나 있다. 뚜벅뚜벅 깊게 파인 발자국은 비밀스러운 이야기를 품고 있다. 저 멀리 발자국 주인의 뒷모습을 보니 두 사람이 겹쳐 있다. 고통스러운 사연을 가진 한 사람의 발자국과, 깊은 공감의 귀를 가지고 그 위에 발을 포개어 따라 걸어간 또 다른 한 사람의 발자국이다.

이 이야기는 깊이 듣기를 이해하기 위해 사용하는 비유이다. 하얀 눈 위에 남은 발걸음의 흔적은 누군가의 이야기를 귀담아듣는 공감의 자세를 보여준다. 깊이 듣기란, 이야기하는 사람보다 듣는 사람이 앞지르거나, 옆에서 간섭하거나, 다른 길을 제시하거나, 저 멀리 떨어져서 구경하는 일이 아니다. 상처받은 사람이 걸어간 발자국을 뒤따라 밟아가면서 그의 마음자리에 머무는 일이다. 상대방의 고통에 넘치지 않게 머물며 그 마음을 깊이 듣는 것이 처음이자 끝이다.

평화 수업에서 깊이 듣기는 매우 중요하다. 그것은 상대방의 이야기에 내 사연을 걸치지 않고 '온전히 듣는 일'에서 시작한다. 듣는 사람에게는 '거울'처럼 있어 달라고 부탁한다. 거울처럼 있는 일은 자의식을 가지고 조언하거나, 상대방의 감정보다 더 극적인 감정적 동요를 보이지 않고 들은 그대로 상대의 이야기를 비춰주며 깊이 머문다.

또한, 깊이 듣기는 침묵으로 듣는 일이다. 우리는 경청을 흔히 상대의 말에 일일이 맞장구치고 적극적인 반응을 하는 일이라고 착각한다. 때로는 상대보다 웃자란 반응을 보이거나 비슷한 자신의 경험담을 나열하면서 '내가 잘 듣고 있다는 것'을 보여주기 위해 애쓴다. 하지만 그것은 상대의 진심을 비춰주기 위함이 아니라 듣고 있는 내 존재의 생색일 뿐이고 결국엔 불행 배틀을 극대화해 상대방의 고민을 휘발시키는 일이다. 오히려 상대방의 입을 막고 내면에서 길어 올리던 이야기의 끈을 가위로 뚝 끊어버리는 결과를 낳는다. 내 경험 덧붙이기, 격한 감정 폭발하기, 판단 붙이기, 가르치거나 조언하기 등에 숨어있는 메시지는 '난 네 이야기에는 관심 없어, 너에게 공감하고 있는 나 자신의 모습이 만족스러워'이다. 이런 대화 패턴이 반복되면 상대방은 표면적인 이야기만 늘어놓게 될 뿐, 진심을 숨긴다. 너무 흔한 패턴이라 문제의식조차 없을 수도 있지만, 깊이 듣기를 경험해 보면 안다. 자기가 얼마나 듣는 일에 소홀했는지, 그리고 얼마나 듣고 있는 자기 입장과 자세에만 신경 쓰고 있었는지 말이다.

깊이 듣기 연습은 다음과 같이 이루어진다.

1. A가 3분 동안 말한다.

: B는 상대방의 이야기에 호기심을 갖고 침묵으로 듣는다.

: 이야기 주제는 다양한 열린 질문으로 한다.

예) 최근 나에게 일어난 일, 어릴 적 기억, 후회되는 일,
　　내가 짜증나는 순간, 가지고 있는 고민 등

2. B가 A의 이야기를 1분 동안 거울처럼 반영한다.

: 이야기를 듣고 되돌려 비춰주는 방법은 세 가지가 있다.

① 그냥 침묵으로 듣기

② 들은 내용과 느낌을 간추려 되돌려 비추기

③ 겉으로 드러난 입장 뒤에 진심으로 원했고 중요한 것이 무엇인지
　추측해서 비춰주기

예) "지난주 아이와 있었던 일이었네요. 말다툼한 후 아이가 문을 쾅
　　닫고 들어가서(내용 돌려주기) 당황스럽고 화나고 답답하셨겠어
　　요.(느낌 비추기) 충분히 대화해서 아이가 어떤 상황인지 알고 잘
　　돕고 싶었는데(진심추측하기) 걱정되는 마음에 했던 말들이 오히
　　려 아이와의 대화를 가로막았을까 봐 속상하시다는 말씀이네요.

3. 역할을 바꾸어 같은 방식으로 연습한다.

바쁜 일상에서도 단 3분만 들인다면 아이들과 충분히 심리적 결
속감을 가질 수 있다. 이를 '3분 공감'이라고 부른다. 많은 시간과 에너

지를 들이지 않아도 잠시나마 하던 일을 멈추고 눈을 마주치며 집중해서 들어주는 것만으로도 아이들은 대화를 신뢰한다. 가르치지 않아도 자신의 행동을 수정해 나갈 수 있게 된다. 깊이 듣는 시간이 늘어날수록 아이들 내면의 황금단지가 차곡차곡 채워질 수 있다.

아쉽게도 가까운 사이일수록 이런 대화가 잘 작동하지 않는다. 친밀할수록 진심을 거르고, 상대방을 잘 알고 있다고 여길수록 꼼꼼히 듣지 않는 습관 탓이다. 그러면 말을 끝까지 듣지 못하고 넘겨짚거나 가시 돋친 비난에 걸려 오히려 '비춰주기'를 할 때 상대방을 자극하여 화를 더 돋우게 되기도 한다. 때문에 가까운 사람과 연습을 할 때는 깊이 듣고 비춰주기가 안된다면 그냥 듣기만 하는 것도 좋다. 말을 자르거나 판단하지 않고, 있는 그대로 끝까지 들어주는 것만으로도 연결될 가능성을 높일 수 있다.

상대방에게 내가 잘 듣고 있다는 것을 표시하기 위해 극적인 리액션하기, 상대방의 이야기를 듣고 나의 경험을 이야기하며 부드럽게 가르치기, 현명한 조언을 던져줌으로 자기 유능감을 느끼며 뿌듯해하기, 이야기 속 다른 사람들의 처지를 대변함으로 공정한 자신의 이미지를 유지하기, 적절한 반영을 해줌으로 상대방에게 인정받고 싶어 하기, 이야기 속 상대를 같이 비난하면서 같은 편임을 인식시키기, 이야기 자체를 가십거리로 소비하기 위해 적극적으로 듣기, 이 모든 것은 자기 자신에게만 관심이 가 있다. 상대방의 마음자리에는 관심이 없다. 이런 대화는 얼마나 씁쓸한가. 결국, 깊이 듣기는 기술이 아니다. 상대방이 무슨 이야기를 하든 나 자신에게만 쏠려 있던 관심의 기울기를 깨닫고 상대방에게 온전한 호기심을 기울이며 존재를 다 해 들으려는 태도이다.

말 없고 조용한 아이들은 하고 싶은 말이 없어서 침묵하는 것이 아니다. 대화의 관계가 안전하지 않거나 상대방을 먼저 배려하느라 자신의 감정과 진심을 뒤로 미루는 것뿐이다. 마음이 여리고 부드러운 아이일수록 자신의 고통을 다른 사람과 나누는 것을 어려워한다. 자신의 고통을 꺼내놓았을 때 혹시 상대방이 겪을지 모를 난처함을 염려하기 때문이다. 아이들은 자신의 이야기에 휘둘리지 않을 대화 상대를 간절히 기다리고 있다. 자신의 이야기를 깊게 깊게 풀어놓아도 되는 그런 어른 말이다.

"침묵은 우리에게 우리가 말한 것과
들은 것을 반성할 기회를 준다.
침묵 그 자체는
세계와 영혼의 가장 깊은 곳에서 흘러나오는
일종의 언어가 될 수 있다."

- 파커 파머

31. 안전한 예방 시스템 구축하기

학교폭력은 대처보다 예방에 힘을 쏟는 것이 여러모로 이득이 된다. 현재 시행되는 예방 차원의 접근은 담임을 맡은 선생님 개인의 책임의식에 의존하거나 개인 심리상태에 의존한 상담프로그램, 혹은 다수를 향한 캠페인성 홍보에 그치고 있다. 단발성 프로그램이 아니라 구조적인 시스템이 필요하다. 보다 갈등에 직접 개입해 다룰 수 있는 적극적인 예방 시스템이어야 한다.

학교폭력을 예방하기 위한 첫 구조화는 '관계 저금하기'라고 할 수 있다. 갈등이 생겼을 때 대화를 시도 해보려고 마음 먹느냐 안 먹느냐는 이 관계의 저금이 얼마나 축적되어 있느냐에 따라 다르다. 평상시에 상대방과 즐거운 경험을 얼마나 공유하고 있는지에 따라 신뢰의 두께가 달라진다. 서로 재밌게 놀았던 경험, 함께 웃었던 시간, 같이 맛있는 음식을 나누고, 운동장에서 땀 흘려 합심했던 경험들이 이 두께를 만든다. 이런 관계는 회복 탄력성이 높다. 갈등으로 꼬이더라도 아이들은 금세 스스로 대화를 시도하거나, 옆의 친구에게 도움을 요청해서라도 본래의 모습을 되찾고자 한다.

실제 학기 초에 시행하는 '관계형성주간'은 관계 저금하기가 적용되고 있는 사례다. 새로운 환경에서 새로운 관계를 맺어야 하는 아이들은 긴장해 있다. 자기는 어떤 친구이고, 앞으로 어떤 친구와 만나야 어울릴지, 혹시 친구들에게 밉보여서 소외당하진 않을지 혼란스러워한다. 유연한 자존감으로 이 시기를 바람직하게 건너는 때도 있지만, 긴장과 걱정에 압도당해 불필요한 에너지를 낭비하기도 한다. 학기 초 관계형성주간은 이런 걱정과 불안을 내려놓고 열린 마음으로 관계를 맺도록 돕는 시간이다. 공동체 놀이같이 서로의 경험과 생각을 듣고 말하는 활동을 하면서 상대방에 대한 이해와 긍정적 경험을 공유한다. 우리는 이때 쌓이는 '관계 저금'을 갈등상황에서 인출 할 수 있다. 관계의 가치와 액수가 클수록 대화를 통해 긍정적으로 해결할 여유가 생기는 셈이다.

관계 저금하기는 서로의 경험과 생각, 성향이나 취향을 공유하는 과정에서 상대방을 '대상'이 아닌 '사람'으로 여기게 도와준다. 감정이 없는 대상이나 물건-'IT'이 아닌 나와 같은 존재- 'Thou(you)'로 보게 해준다. 대개 폭력은 상대가 나와 같은 사람이 아니라는 확신에서 나온다. 그래도 되는 존재에게 폭력을 가한다. 나치는 유대인을 우생학적으로 열등한 민족이라 세뇌하며 학살을 정당화했고, 좌익빨갱이라는 프레임으로 죄의식 없이 자행된 민간학살도 이 맥락이었다. 특정 민족과 종교에 괴물의 가면을 씌우는 것도, 전쟁에 나가는 군인들에게 적군을 비인간화시키는 것도 마찬가지다. 평화놀이와 같은 '공동체 형성 수업'은 아이들이 자신의 경험과 느낌을 말하고 듣게 하고, 몸으로 하는 놀이를 통해 즐거운 시간을 함께 보내게 함으로써 서로의 경계를 허물어준다. 상대방 역시 나와 같은 감정과 생각이 있는 존재라는 걸 상기시킴으로써 알지 못했던 타인을 친구로 만들어 준다. 서로의 일상을 알고 대화를 나눌 수 있다는 것 그 자체로 폭력 예방효과를 띤다.

두 번째 예방 시스템은 안전한 공간을 마련하는 일이다. 안전하다는 말은 신체적 위협이 없다는 뜻이기도 하지만, 정서적으로 편안함을 느끼는 시간과 공간에 대한 배려를 의미한다.

수업시간에 아이들과 행복한 학교를 만드는 데 필요한 게 뭐가 있을지 이야기를 나누는 경우가 있다. 그럴 때마다 빠지지 않고 나오는 이야기가 '빈 공간'이다. '빈 공간이 생기면 하고 싶은 게 뭔데?'라고 물으면 '그냥 친구들이랑 비밀 얘기할 공간이 필요해서요.'라고 대답한다. 빈 공간은 그저 비어있음으로 다양한 쓸모가 생겨나는 괄호 같은 곳이다. 아이들이 친구들과 비밀 얘기를 하고, 이유를 대거나 허락을 받지 않아도 쉴 수 있는 공간이기도 하며, 친한 친구들과 몰래 춤을 추거나 먼지 날린다는 타박을 듣지 않고도 신나는 놀이를 할 수 있는 곳이다. 빈 공간이 아이들에게 보내는 메시지는 자유와 자율이다. 그곳에서 아이들은 자신만의 상상을 채울 수 있다. 이미 만들어진 곳, 조용히 공부해야 하는 교실, 뛰지 말아야 하는 복도, 목적이 정해져서 출입이 제한된 특별실은 '의미'로 가득해서 '재미'가 들어설 자리가 없다. 그냥 비워진 공간이 필요하다. 더불어 가장 중요한 점은 '어른들의 감시와 시선이 닿지 않는' 빈 공간이어야 한다는 것이다. 어른들의 시선이 닿는 순간 빈 공간에는 아이들의 상상이 담기지 않는다. 마치 고양이의 생사가 담긴 슈뢰딩거의 상자 같은 셈이다.

안전한 공간의 또 다른 의미는 '대화의 비밀유지'이다. 갈등이 생겼을 때 아이들이 대화를 꺼리는 것은 대화 내용이 다른 사람의 입에 오르내리면서 근거 없는 비난과 오해를 사게 될까 걱정하기 때문이다. 가해 행동을 한 친구는 다짜고짜 낙인찍혀 수치심을 받게 될까 봐, 피해를 받은 친구는 과민한 주변의 반응으로 인해 원치 않는 해명을 하는 상황이 추가될까 주저하게 된다. 안전한 대화가 가능하게 하려면 1) 대화를 신청할 때 비밀이 유지될 수 있는 요청경로 2) 공정한 대화 진행과 내용의 비밀보장 3) 편안한 느낌을 주는 공간 확보 4) 수업이나 학원 시간에 영향을 받지 않는 충분한 시간 확보가 필요하다.

이런 요소를 의식 있는 교사 한두 명의 의미 있는 시도 정도로만 여길 것이 아니라 학교 전체가 시스템으로 약속해 정착시켜야 한다. 음악을 배우려면 음악실로 가고, 과학을 배우려면 과학실로 가듯이 관계를 배우려면 갈 수 있는 공간이 약속되어 있어야 한다. 이 공간은 상담실과는 다른 성격인데, 상담실의 주인은 아이들이 아니라 상담 선생님이기 때문이다. 그 공간에서 아이들은 서로의 진심을 가져오기보다는 제3의 시선을 의식해 자기 정당화나 방어기제를 궁리하게 된다.

　　마지막으로 폭력 예방 시스템에 덧붙여 '피해자', '가해자'라는 용어에 대한 고민이 필요하다. 이는 폭력적 행동을 한 친구의 책임을 축소하거나 피해를 눈 가리기 위함이 아니라 대화를 통한 문제해결 가능성을 높이고자 하는 데 있다. 가해자, 피해자라는 용어를 사용하는 순간 그 낱말이 가진 틀과 자기 실현성 때문에 아이들의 가능성은 저당잡힌다. 그들은 상당 기간 본인의 이름을 잃고 '가해자'와 '피해자'란 명찰을 달아야 한다. 피해자는 피해자에 걸맞은 입장을, 가해자는 가해자에 걸맞은 역할을 자기도 모르게 수행한다. 자연스레 피해자는 객관적 피해를 증명하느라 자신의 느낌과 진심을 도외시하게 되고, 가해자는 억울함과 방어 논리 마련에 급급해 평정을 잃어버린다. 우리는 아직 그 용어를 대체할 마땅한 낱말을 가지고 있지 않다. 학교폭력을 다루는 법적 용어로 '가해 추정 학생', '피해추정 학생'이라는 단어를 사용하고는 있지만, 이는 무죄 추정원칙을 비껴가기 위한 수사(修辭)일 뿐 별다른 효과는 없는 실정이다. 언젠가 학교폭력위원회 대신 관계회복 대화모임이 시스템화되는 날이 온다면, '피해자'는 대화를 제안하는 '제안자'로, 가해자는 그것을 받아들이는 '피제안자' 혹은 '당사자' 정도의 가치 중립적인 용어로 바꿔 불러볼 수 있지 않을까 생각해 본다.

32. 경계를 존중하기

관계 속 갈등을 다룰 때 가장 예민하게 관찰해야 하는 것이 '관계의 경계선'이다. 관계의 경계선은 개개인이 가진 심리적, 정서적, 신체적 안전을 보장해 주는 둘 이상 사이에 그어진 투명한 선이다. 아이들이 소위 말하는 '선 넘는다'라는 표현이 이를 가장 정확하게 표현해준다.

관계적 폭력의 경우 아이마다 인식하고 있는 선의 경계가 매우 달라서 갈등이 폭발하는 경우가 많다. 어떤 사람은 경계선이 넓어서 욕을 하면서 장난치는 것에 심리적인 타격을 받지 않고 그저 장난으로만 받아들이는 한편, 이 경계가 좁은 친구는 누군가 지나가는 말로 한 언사도 자신에 대한 모욕적인 표현으로 받아들인다. 즉 저마다 설정한 경계선을 넘어서서 침범당했다고 느끼기 때문이다. 아이들이 아무렇게나 서로 뒤엉켜 노는 것 같아도 자세히 관찰하면 암묵적으로 건드리지 않는 선들이 있다. 이 경계선을 알아차릴 수 있는 친구는 장난을 치다가도 상대방의 표정이나 뉘앙스를 보고 장난이 아닐 경우 행동을 멈춘다. 하지만 그런 감각이 다소 떨어지거나 자신에게만 관심이 집중된 친구들은 자신이 선을 넘고 있다는 인식을 못 하고 상대방이 장난을 불편해해도 갈수록 더 심한 장난을 치게 된다. 그러다가 상대 친구가 정색할 정도에 이르면 '장난일 뿐인데 뭐 그렇게 빡빡하게 구냐'며 적반하장으로 나온다. 이는 경계를 넘고 있는 자신에 대한 인식은 부재한 채 상대방이 보내오는 무언의 신호를 읽지 못해서 자주 발생하는 일이다. 친구들 사이에 발생하는 욕설이나 몸싸움, 심한 장난, 패드립 등의 문제는 서로가 생각하는 경계가 제각각인 만큼 서로 받아들일 수 있는 수위가 다르다는 것 역시 구체적으로 짚어보아야 한다.

그렇다고 선생님이 아이들 모두에게 일방적으로 똑같은 경계선을 정해주어서는 안 된다. 선생님이 정해준 경계선은 아이들에게 금지된 숙제처럼 다가간다. "코끼리는 생각하지 마."라는 말을 듣자마자 불쑥 코끼리부터 떠올리게 되는 것처럼 말이다. 욕하지 말라면 욕이, 패드립을 금지하면 패드립이 일단 떠오르는 법이다. 이런 문제를 다룰 때 가장 건너뛰지 말아야 하는 것은 그것을 다루는 '과정'이다. 어떤 말을 들을 때 기분 나쁜지, 어떤 것은 욕이 아닌 것처럼 들리지만 어떤 것은 모멸적인 욕으로 들리는지, 어떤 장난이 선을 넘게 만드는지 등을 구체적인 경험으로 이야기하는 과정이 필요하다. 이 이야기를 하고 듣는 과정에서 아이들은 자연스럽게 서로 간에 보이지 않는 경계선을 마련한다. 어떠한 행동이 A라는 친구한테는 괜찮지만, B라는 친구는 불편하게 할 수도 있다는 것을 알아차리는 순간 스스로 조심해서 행동하게 된다. 교정해야 할 행동의 목적지가 어디인지 정확하게 알려주는 것보다 그 목적지를 향해 걸어가는 과정에서 어떤 친구가 거북해하고 어떤 친구는 탐탁하게 여기는지를 직접 목격하게 하는 것이 가장 빠른 문제 해결의 길이다.

관계의 경계선은 보이지 않는 심리적, 정서적, 신체적 안전의 마지노선이다. 이 경계선을 지켜주는 것이 곧 '존중'이다. 존중은 상대방의 경계를 함부로 침범하는 것의 여집합이다. '존중'은 하도 넓은 말이라서 우리는 존중이 무엇이라고 단정하기는 어렵고 다만 무엇무엇이 존중인지 아닌지를 겨우 말해나갈 수 있다. 아이들에게 '서로 존중합시다'라고 백번 이야기해도 뭘 어떻게 하는 것이 존중인지 알지 못한다. 그럴 때 무엇이 존중인지 하나하나 열거하게 된다. '상대방이 싫다고 하면 그 행동을 멈추는 게 존중이야.', '상대방의 선택에 대해 비난하지 않는 것이 존중이야.', '상대방의 물건을 함부로 건드리지 않는 것이 존중이야.', '친구의 외모만 보고 판단하지 않는 것이 존중이야' 등등 끊임없이 존중의 다양한 얼굴을 나열해 나갈 수 있다.

존중의 경계선은 보이지도 않고 사람마다 다 다르다. 따라서 관계에서 가장 중요한 것이 대화이다. 대화하지 않으면 같은 상황에서 어떻게 느끼는지를 알 수 없다. 아이들은 이 경계에 몸을 부딪쳐 보고, 싸우고, 울며 배워나간다. 물론 그 경계를 알아차리지 못해 매번 같은 실수를 반복하기도 한다. 그럴 때 어른들이 할 수 있는 것은 대화를 통해 보이지 않는 경계선을 함께 탐구해가는 일이다. 예를 들어 친구를 장난으로 툭툭 치는 아이에게 "때리지 마, 때리는 건 나쁜 거야."라는 훈계나 가르침 대신 "너는 장난으로 건드렸던 것 같은데 친구는 그게 아닌가 봐. 어때? 친구 표정을 보니 내가 좀 조마조마하고 걱정이 되네."라고 할 수 있다. 상대방의 경계를 침범한 결과를 직접 바라보게 하는 것이 가르치거나 처벌하거나 수치심을 주는 것보다 더 좋은 결과를 가져온다. 애초 문제행동을 통해 얻으려는 모종의 이득이나 다른 꿍꿍이가 없었다면, 아이들은 자신이 한 행동이 넘어섰던 투명한 경계선이 눈에 띄었을 때 분명 자발적으로 존중과 배려를 실천할 것이다.

33. 관계회복 대화모임 진행하기

안전한 시스템 위에서 '대화'를 시작할 때이다. 관계회복 대화모임은 회복적 정의(Restorative Justice)[4] 라는 철학 위에 회복적 서클(Restorative Circles)[5]이라는 대화 모델을 기초로 한다. 이 대화 모델이 어떻게 작동되고 기존의 대화방식과는 어떻게 다른지 보려고 한다. 모델 자체를 잘 파악하는 것만큼이나 그 모델이 어떻게 작동하는지를 보는 것도 중요하다.

보통의 갈등 해결 과정에서 당사자들은 물러서는 법을 잊는다. 그간의 판결들이 갈등의 실타래를 공들여 '푸는' 합의의 방식이 아니라 단박에 '끊는' 대결의 방식이었기 때문이다. 거기에는 주장만 있고 경청은 없다. 듣긴 듣더라도 결국 자기 정당성을 강변하고 반격할 준비를 위해서인 경우가 많다. 상대방이 하는 말이 오류는 없는지 트집 잡기 위한 귀 기울임은 결코 듣는 것이라 할 수 없다. 관계회복 대화모임의 목적은 서로 이야기를 잘 '듣게' 하는 데 있다. 듣는다는 것은 상대방을 쏘아보는 시선으로 그 이야기가 옳은지 그른지를 따지는 게 아니다. 그 사람이 걸어간 발자국에 발을 맞대고 뒤따라 걸어보는 것이다.

이 같은 방식으로 상대방도 나의 이야기를 경험할 수 있도록 기회를 주고받는 것이 대화의 본질이다. 판단을 내려놓고 상대방의 입장과 상황에 대한 공감적 이해를 넓혀가는 것이 대화이고, 이 과정을 가능하게 하는 것은 잘 말하는 행위보다 잘 듣는 행위에 있다. 이 대화 모델은 잘잘못을 가리는 토론이나 재판과는 명확히 구별된다. 당사자들이 서로의 이야기를 '잘 듣게 하기' 위한 대화의 틀과 질문 방향, 진행 순서, 진행자의 태도가 세팅되어 있다. 대화모임은 다음과 같이 이뤄진다. 상황을 가상으로 설정해 예를 들어 본다.

<첫 번째 단계>

사전대화모임 : ①당사자 이야기 깊게 듣기

진행자가 갈등 당사자를 따로 만나 각각의 이야기를 듣는다. 진행자는 사실관계 파악에 초점을 두지 않고 당사자들의 진심에 집중한다. 이야기에 진행자의 판단이나 생각을 덧붙이지 않고, 깊이 듣기를 통해 느낌과 진심을 거울처럼 비춰준다. 거울처럼 비춰주는 일은 사건 당시 입장 뒤에 가려져 있던 당사자의 진심을 스스로 인식하도록 돕는 것이다. 그때 당사자는 갈등상황에서 느꼈던 자기 속내를 꺼내놓고 그것을 타인의 입을 통해 '다시 듣는' 경험을 한다. 이 단계에서 진행자는 당사자의 판단 속에 있는 가시를 빼도록 돕는다. 가시를 빼고 당사자가 자기 진심에 집중하도록 해준다.

예)

진행자 소개와 첫인사 후

진행자 : 최근 B로부터 괴롭힘을 받고 있다는 얘길 들었고, 학교폭력으로 신고하기 전에 대화로 한 번 더 풀어보고자 요청한 것 같아요. 맞나요?

A : 네.

진행자 : 무슨 일이 있었는지 얘기해 줄 수 있나요?

A : 음…. 저는 그 친구랑 잘 지내고 싶거든요. 그런데 걔가 다른 친구들한테 저랑 놀지 말라고 하고, 제가 옆에 지나가면 '찌질이 온다'라고 얘기하고, 어떤 때는 막 '죽여버리고 싶다'고까지 말하는 걸 들었어요. 걸핏하면 SNS에다가도 아닌 척하면서 익명으로 '재수 없는 년'이라며 올리는데, 너무 힘들어요. 학교 다니기도 싫어요.

진행자 : A와 놀지 말라고 하거나, 찌질이 온다고 얘기하거나 심지어 죽여버리고 싶다고 표현을 접했다는 거네요. 그리고 SNS에는 정확히 확인은 안 되지만, 마치 A를 향한 말처럼 느껴지는 내용도 올라 있고, 그래서 학교 오기 너무 싫을 정도인 상황이네요.

A : 네, 담임선생님과도 몇 번 이야기 했었는데, 미안하다고 해놓고는 뒤에 가서 또 그러니까, 뉘우칠 생각이 없는 거 같아요. 저도 이제는 잘 지내고 싶지도 않고 그냥 다른 학교로

가거나 다른 반으로 가서 안 봤으면 좋겠어요.

진행자 : B라는 친구가 진심으로 사과하지 않고 문제가 반복되는 게 힘들었겠네요. 다시 마주치고 싶지 않을 정도로. 그렇죠? 이런 일이 반복되지 않고, 그 친구의 영향력과 관심에서 벗어나 마음 편히 학교생활을 하는 게 지금은 정말 중요한 거네요. 맞나요?

A : 네, 저한테 관심을 좀 껐으면 좋겠어요.

중략

사전대화모임 : ②행동을 관찰로 바꾸어 초대하기

이 시간은 관련된 다른 당사자들에게 보낼 초대장의 문구를 정하는 과정이다. 주변 관련자들은 당시 같은 상황을 다르게 기억할 수 있다. 다른 관점에서 같은 사건을 기억하고 여기서 발생하는 이해의 차이가 갈등을 깊게 만든다. 그러기 때문에 같은 상황을 서술하는 관찰문장을 만들어낸다. 대화하면서 상대방과 충분한 공감이 이뤄진 후 다른 당사자도 거부감없이 받아들일 수 있는 상황에 대한 가치 중립적인 진술문, 즉 초대문구를 만들어낸다. 대화에 초대하는 그 문구를 가지고 다른 당사자들과 대화를 시작한다. 최초의 대화 상대는 주로 피해를 호소한 친구일 가능성이 크며, 그 친구의 진술에서 관찰문장을 만들어낸다.

진행자 : 그렇다면 이 문제에 대해 B와 이야기를 해보려고 하는데, 최근에 있었거나 가장 힘들었던 말은 뭐였어요?

A : 음… 다른 아이들이 있는 데서 '찌질이 온다'고 했던 말이요.

진행자 : 언제 그랬었는지 기억나요?

A : 네, 일주일 전 쉬는 시간에요. 화장실 다녀오는데, 다른 애들한테 저를 보면서 얘기하고 애들이랑 딴 데로 가버렸어요.

진행자 : 아, 일주일 전 몇 교시 이후 쉬는 시간이었을까요?

A : 음악시간이요. 3교시.

진행자 : 네, 일주일 전 3교시 음악시간 끝나고 쉬는 시간에 교실에서 '찌질이 온다'라고 말하면서 갔다는 거네요.

A : 네.

진행자 : 그 일로 B를 대화에 초대해도 될까요? 지금 A와 이야기한 것처럼 어떤 마음이었는지 들어볼 거예요. 괜찮나요?

A : 네.

진행자 : 그리고 난 후에 같이 만나서 이야기해볼 거예요. 괜찮을까요?

A : 음….

진행자 : 조금 걱정되는 게 있나 보네요.

A : 네. 그전에 얘기할 때처럼 가식으로 얘기하고 또 그럴 거 같아요.

진행자 : 대화에 진심으로 나오지 않거나 대화 이후에도 반복적
으로 행동이 이어질까 봐 걱정되는 거네요.

A : 네.

진행자 : 제가 할 수 있는 건 두 사람의 대화가 잘 이어지도록 돕
는거예요. 약간 걱정이 있더라도 대화를 해보고 싶으시면
진행하시면 돼요.

A : 네. 한번 해볼게요.

진행자 : 용기 내 주셨네요. 저도 최선을 다해볼게요. 그럼 잠시
후에 다시 봬요.

다른 당사자와 초대 문구로 대화를 시작해 첫 번째 단계 대화
를 다시 시작한다.

이와 같은 방식으로 대화에 초대할 구체적인 내용이 만들어졌다
면 다른 당사자와 만나면서 그 내용과 관련해 어떤지 대화를 이어나간
다. 그렇게 사전대화모임 ①의 과정을 반복해 갈등에 관련되어 대화에
올 필요가 있는 당사자들을 모두 만난다.

\<두 번째 단계\>

본대화모임 : ①상호이해하기

사전대화모임 후에 당사자들이 같이 만나서 서로의 생각을 들어 보는 시간이다. 이 시간에 이해나 오해가 되었던 사건이 드러날 수 있다. 대화를 시작하기 전에 진행자는 대화의 약속을 정한다. 예를 들어 비밀 지키기, 핸드폰 무음으로 해 놓기, 서로의 동의 없이 자리를 떠나지 않기 등이 있다. 그리고 대화를 충분히 할 수 있는 시간이 있는지 확인해 개인 일정으로 대화가 중단되는 일이 없도록 한다. 약속은 이후 일정에 대한 긴장과 걱정 없이 아이들이 대화에 넉넉히 참여하도록 하는 안전장치 중 하나이다. 그리고 난 후 진행자는 말 할 기회를 모두에게 줄 것이라고 안내하며 안심하고 대화의 품에 안기게끔 돕는다.

이 단계의 핵심질문은 다음과 같다.

"그때 그 일로 인해 지금 마음이 어떤지 누가 무엇을 알아줬으면 하나요?"

진행자 : 용기를 내 대화모임에 와줘서 고마워요. 지금은 지난주 3교시 음악 수업이 끝난 후 쉬는 시간에 있었던 말부터 이야기를 시작할 거예요. 시작하기 전에 몇 가지 안내해 드릴게요. 저는 누구의 편을 들기 위해 온 것이 아니라 두 친구의 이야기가 이어지도록 돕기 위해 왔어요. 약속할게요. 두 친구 모두 충분히 이야기할 기회를 가질 거예요. 그래서 다

른 사람이 이야기할 때는 잘 들어주었으면 해요. 그리고 특히 제가 약속하는 점은 이 모임에서 오간 대화는 다른 사람들에게는 비밀이라는 거예요. 친구들도 약속할 수 있나요? 어떠세요?

A, B : 네, 좋아요. 네.

진행자 : 더 추가하고 싶은 약속이 있을까요?

A, B : 아니요. 없어요.

진행자 : 그럼 대화를 시작해볼게요. 지난주 3교시 이후 있었던 말 때문에 지금 마음이 어떤지 누가 먼저 얘기해줄래요?

A : 저요. 그때 날 보면서 '찌질이 간다'고 하는 말을 들으면서 정말 속상하고 창피했거든요. 다른 애들도 다 있는데 그렇게 얘기해서 당황하기도 했구요. 그때 학폭으로 신고해야겠다고 생각했어요.

진행자 : B는, 지금 A가 뭘 얘기했는지 들은 대로 얘기해 줄 수 있어요?

B : 찌질이 간다는 말을 다른 애들 앞에서 얘기해서 창피하고 당황했대요.

진행자 : (A를 보며) 맞나요?

A : 네.

진행자 : 더 하고 싶은 얘기 있어요?

A : 없어요.

진행자 : 그럼 B는 당시 그 일로 지금 마음이 어떤지 얘기해줄래 요?

B : 저는 그게 그렇게 상처가 될지 몰랐어요. 친한 애들끼리 장난처럼 찌질이라는 말을 자주 쓰기 때문에 그냥 한 건데….

진행자 : 지금 뭘 들었나요?

A : 그냥 장난으로 한 거래요. 친한 친구들끼리 쓰는 말이라. 상처가 될지 몰랐대요.

진행자 : 맞나요?

B : 네.

진행자 : 더 하고 싶은 말 있어요?

B : 사실은…. A랑은 원래 친하게 지냈었는데 몇 달 전에 내가 좋아하는 애한테 고백한 거예요. 내가 좋아하는 거 알고 있었으면서요. 그때부터 안 좋아졌어요.

A : 아니야. 몰랐어. 진짜야. 나중에 다른 애들이 알려줘서 알았어. 그때 지나가는 말로 '저 남자애 축구 잘한다'라고만 해서 좋아하는 줄은 몰랐어.

진행자 : 잠깐만, 얘기를 들어보니 둘 사이에 오해가 좀 있었던 것 같네요. 한 분씩 이야기할 기회를 줄 거고 같이 들으면서 갈게요. B 더 얘기할 것이 있을까요?

B : 전 A가 눈치채고 있을 줄 알았어요. 그런데 자기가 먼저 고백해서 엄청 배신감 느꼈고, 그래서 다른 애들한테도 놀지

말라고 한 거예요.

진행자 : 지금은 뭘 들었어요?

A : 제가 눈치채고 있을 줄 알았는데 제가 고백해서 배신감이

들었대요. 그래서 다른 애들한테도 놀지 말라고 한 거래요,

진행자 : 맞나요?

B : 네.

진행자 : 더 하고 싶은 이야기 있어요?

B : 아니요.

진행자 : 그럼 A는 더 하고 싶은 이야기가 있어요?

A : 진짜, 맹세해요. 저 몰랐어요. 제가 눈치가 좀 없어요.

진행자 : 뭘 들었나요?

B : 눈치가 없대요.

진행자 : (A를 보며) 더 하고 싶은 이야기 있어요?

A : 네. 정말 미안해요. 그리고 예전처럼 친하게 지내고 싶은데

속상해요.

진행자 : 지금은 뭘 들었나요?

B : 친하게 지내고 싶은데 속상하대요.

진행자 : 맞나요?

A : 네. (더 하고 싶은 말이 없는 듯 하다)

진행자 : 그럼 B는 더 하고 싶은 말 있나요?

B : 네… 좀 미안해요. 찌질하다 그러고, 친구들한테 재랑 놀지

말자 그러고 했던거요. 그리고 예전에 죽이고 싶다고 얘기

한 거는 순간 울컥해서 그런 거였어요.

진행자 : 지금 뭘 들었어요?

A : 미안하대요. 죽이고 싶다 그런 거는 진심이 아니었대요.

진행자 : 맞나요?

B : 네.

본 대화모임 : ②진심 확인하기(자기책임)

이 단계는 서로의 입장과 서로 다른 이해를 확인한 후 그 행동 뒤에 있는 진심이 무엇이었는지를 확인하는 시간이다. 단순히 입장에 대한 인지만으로 끝나는 일도 있지만, 그 뒤에 숨겨 놓았던 진심을 끄집어내 서로에게 보여줌으로써 끊어진 선이 연결되도록 접착제를 발라줄 수 있다. 가시 돋친 말을 내려놓고 서로의 이야기를 들으며 부드러운 진심이 나왔을 때는 0.5배의 속도로 움직인다. 그 진심이 충분히 배어 나오고 서로에게 번질 수 있도록 아주 천천히 대화를 진행한다. 나무늘보처럼 말이다.

이 단계의 핵심질문은 다음과 같다.

"그 행동을 하기로 선택했던 그 순간에 진심으로 기대했던 것은 무엇이었는지 누가 알아주길 원하나요?"

예)

진행자 : 지금 대화를 해보니 서로 오해가 있었다는 것도 확인했고, B가 A를 향해 했던 말들이 과격해서 미안하기도 했다는 마음도 확인했네요. 그럼 질문 하나 더 할게요. 그 일 당시 진심으로 원했던 건 뭐였나요?

A : 음···. 저는 그냥 B랑 잘 지내고 싶었어요. B가 저 많이 도와주기도 해서 고마운 것도 많거든요. 그냥 이렇게 힘들게 모른 척 하면서 생활하는 게 힘들었어요.

진행자 : 무엇을 들었나요?

B : 고마운 일도 많아서 잘 친하게 지내고 싶대요.

진행자 : 맞나요?

A : 네.

진행자 : 더 하고 싶은 이야기 있으세요?

A : 아니요.

진행자 : 그럼 B는 당시 진심이 무엇이었는지 얘기해줄 수 있나요?

B : 그냥 불안했어요. 남자도 뺏어가고 내 친구들도 뺏어갈까 봐요. 어떤 마음이 있었는지 확인해서 믿고 편안해지고 싶었어요.

진행자 : 무엇을 들었나요?

A : 무슨 마음인지 확인하고 믿을 수 있게 돼서 편안해지고 싶

대요.

진행자 : 더 들은 내용이 있나요?

A : 저랑 잘 소통하고 믿으면서 편안하게 관계를 이어나가고 싶대요.

진행자 : 맞나요?

B : 네.

본 대화모임 : ③약속 정하기

이 단계로써 서로의 입장에 대한 이해와 함께 진심이 무엇이었는 지를 확인하게 되었다. 두 개의 끊어진 끈에 접착제를 발라 연결하고, 이후 이 연결이 잘 풀리지 않도록 매듭을 묶는 과정으로 이해하면 좋다. 약속은 이 같은 일이 반복되지 않기 위해서 정하는 것이다. 약속은 '구체적'으로, '흔쾌히 할 수 있을 수위'의, '최소한의 개수'로 정해야 한다. 만약 구체적이지 않거나, 이행하기 부담이 될 정도이거나, 너무 많은 약속을 정할 경우 '결국 약속을 지키지 않았다'라는 실망감으로 대화의 신뢰를 깨뜨리게 될 수도 있다.

이 단계의 핵심질문은 다음과 같다.

"이런 일이 반복되지 않기 위해서 제안하고 싶은 약속은 무엇

인가요?" 혹은 "새로운 관계로 나아가기 위해 각자가 할 수 있는 것은 무엇이 있나요?"

예)

진행자 : 그러면 이런 일을 반복하지 않고 서로 잘 소통하면서 오해를 줄이고 믿으며 관계를 이어나가기 위해 어떤 약속이 필요할까요? 제안할 게 있을까요?

A : 네, 저는 혹시 마음 상하는 일이 있으면 저에게 직접 물어봐 주면 잘 대답해 줄 수 있을 거 같아요.

진행자 : B는 이런 A의 제안 어때요? 오해가 될 것 같은 상황은 다른 사람을 통하거나 짐작하기보다 직접 대화로 확인하는 거요.

B : 네. 좋아요.

진행자 : 그리고 또 다른 제안 있나요?

B : 저는 앞으로 A에 대해 다른 친구에게 이야기하지 않을게요. 그리고 아까 썼던 그런 말들 안 쓸게요.

진행자 : 다른 친구에게 A에 대해 나쁘게 얘기하지 않는 것과 찌질한, 재수없는 이런 말들은 안 쓴다는 거죠?

B : 네.

진행자 : 또 다른 의견 있을까요?

A : 없어요.

B : 저도 없어요.

진행자 : 그럼 이 세 가지 약속으로 할게요. 첫 번째 오해가 될 것 같은 일은 직접 소통하기, 두 번째 A에 대해 다른 친구에게 이야기하지 않기, 세 번째 상대방이 기분 나쁠 비난은 하지 않기. 조금더 구체적으로 정할게요. 첫번째 약속은 직접 소통한다는 것은 어떻게 하는 것을 말하나요?

A : 저는 얼굴을 보고 얘기하는 거요.

B : 저도 얼굴을 보고 얘기하는 거요.

진행자 : 그럼 직접 얼굴보고 얘기할 수 있도록 "대화하자"고 요청하는 것 어때요? 괜찮나요?

A, B : 네.

진행자 : 그럼 약속을 조금 더 구체적으로 만들려고해요. 같은 약속이라도 다르게 이해해서 또 오해가 생기지 않도록 하기 위함이에요. 먼저 직접 소통한다는 것은 어떤 방식을 의미할까요?

A : 할말이 있으면 만나서 얼굴보고 이야기하는 거요.

B : 네, 저도 좋아요. 문사나 통화보다는 만나는 게 좋을거 같아요.

진행자 : 그렇다면 첫 번째 약속은 오해가 될 것 같은 일은 얼굴을 보고 이야기하기로 수정하면 될까요?

A, B : 네.

진행자 : 두번째 약속은 A에 대해 다른 친구에게 이야기하지 않

기라고 했는데, 어떤 이야기도 안되는 건지, 부정적인 말에 한정하는 건지 확인하고 싶어요. 어때요?

A : 아, 부정적인 말이나 험담이에요.

진행자 : 그럼 A에 대해서 얘기할 수는 있지만 부정적인 험담은 안되는 거네요. 맞나요?

A, B : 네. 좋아요.

진행자 : 그리고 마지막 세 번째 약속은 상대방이 기분 나쁠 비난은 하지 않기라고 했는데, 어떤 비난이 기분나쁜지 구체적으로 이야기해주시겠어요?

A : 음···. 이젠 괜찮지만, 찌질이라는 말이요.

진행자 : 아, 찌질이라는 말은 하지 않기로 하면 될까요? 어때요?

A, B : 좋아요. 네.

진행자 : 그럼 이 약속은 잊지 않도록 작은 메모로 만들어 드릴게요. 잘 보면서 지켜주시고, 이 약속이 잘 지켜졌는지 한 달 뒤에 다시 이야기해보는 시간 가지려고 해요. 괜찮나요?

A, B : 네.

진행자 : 고마워요. 어땠는지 느낌 이야기하고 이 대화모임은 마칠까요? 저는 처음엔 약간 긴장했었는데 솔직하게 이야기해주셔서 점점 마음 편안하게 진행할 수 있었고, 서로의 진심이 확인되어 마음이 따뜻하네요. 고마워요.

A : 저는 이렇게 속마음을 얘기해보니까 이전 대화랑은 좀 다른 것 같았고, 이렇게 쉽게 끝날 걸 몇 달 동안 왜 그렇게 마음고생 했는지 약간 당황스러워요. 얘기할 수 있어서 좋았어요.

B : 저도 오해가 있었다는 거 확인해서 좋았고, 조금 말을 조심해야겠다고 생각했어요.

진행자 : 네, 함께 시간 내줘서 고마워요. 한 달 뒤에 봬요.

<세번째 단계>

사후 대화모임 : ① 축하하기, 애도하기

이 과정은 약속을 정한 후 일정 시간(2주~2달)이 지난 후 약속이 잘 지켜졌는지 확인하는 대화모임이다. 약속이 잘 지켜졌다면 충분히 축하하면서 긍정적인 격려를 해주고, 잘 안 지켜졌다면 애도하는 마음을 표현하면서 관계가 끊어지지 않도록 돕는다.

사후 대화모임 : ② 약속 수정하기

약속이 잘 지켜지지 않았다면 왜 잘 지켜지지 않는지 확인해서 약속을 수정한다. 이 과정은 잘 묶었던 매듭이 풀리려고 하는지를 점검하고 다시 확인해 보수하는 과정이다. 왜 지켜지지 않았는지 마음을 충분히 나눈 후 참가자들의 변한 상황을 반영하여 지킬 수 있는 수위로 약속을 수정한다.

진행자 : 안녕하세요. 잘 지내셨나요? 한 달 뒤에 보니 더 반갑
네요. 어떻게 지냈나요?

A : 네, 잘 지냈어요.

B : 다시 친하게 지낼 수 있었어요.

진행자 : 그럼 지난번에 정한 약속은 잘 지켜졌는지 축하하고
싶은 점이 있나요?

A : 네. 약속은 잘 지켜져서 잘 지냈어요. 다른 친구들이랑도 같
이 잘 놀았어요.

B : 네. 저도 열심히 지키려고 노력했어요. 나쁜 말은 안 했어요.

진행자 : 지난 대화 이후 관계회복을 위해 노력하려는 진심이
들리네요. 그럼 약속이 잘 안 지켜졌던 부분도 있었나요?

A : 안 지켜진 건 아닌데 조금 조심스러웠던 부분은 있었어요.
제가 섭섭한 거 얘기할 때 상처받지 않을까 봐 걱정돼서 얘
기 안 한 것도 몇 개 있었어요. 그리고 화가 나 있거나 기분
이 안 좋을 때 말하기 좀 어려웠어요.

진행자 : (B를 보며)네, 지금 A의 말에서 무엇을 들으셨나요?

B : 제가 상처받을까 봐 이야기 안 한 것도 몇 개 있다고, 조심스
러웠다고 말했어요.

진행자 : (A를 보며) 맞나요?

A : 네.

진행자 : 더 하고 싶은 말 있으세요?

A : 그래도 B가 약속을 잘 지키려고 노력하는 모습을 봐서 좋았고, 나중에 더 편해지면 그때 좀 더 편하게 이야기할 수 있을 것 같아요.

진행자 : (B를 보며)지금은 무엇을 들으셨나요?

B : 나중에 좀 더 편해지면 천천히 이야기할 수 있을 것 같대요.

진행자 : (A를 보며) 맞나요?

A : 네.

진행자 : 더 하고 싶은 이야기가 있나요?

A : 아니요.

진행자 : 그렇다면 지난 우리가 했던 약속과 관련해서 지금 마음이 어떤지 이야기하고 싶은 게 더 있으실까요? (B를 보며) 더 있으실까요?

B : 아니요. 괜찮아요.

진행자 : 네. 감사합니다. 자 그럼 우리가 했던 약속을 수정해야 할 필요가 있을까요?

A : "음…. 얘기할 수 있는 상황인지 확인할 수 있으면 좋겠어요. 기분이 안 좋거나 시간이 안 되면 다음에 하자고 얘기해 주면 좋겠어요.

B : 저도 좋아요.

진행자 : 네 그럼, 대화를 할 수 있는지 아닌지 먼저 확인한 후 대화를 했으면 좋겠다는 거네요. 그 의사 표현을 어떻게 할 수 있을까요? 간단한 수신호나 표시가 있을까요?

A : 그냥 물어보면 좋을 거 같아요. 말이나 문자로.

B : 문자는 바로 확인 못 할 수도 있으니까 그냥 전화나 말로 했으면 좋겠어요.

진행자 : 그럼, 대화하고 싶을 때는 말이나 전화로 '지금 대화하고 싶은데 괜찮아?'라고 확인하는 것으로 정리하면 어때요?

A : 좋아요.

B : 네, 저도 좋아요.

진행자 : 그 외에 더 하고 싶은 이야기 있을까요?

A : 아니요. 없어요.

B : 네, 저도요.

진행자 : 그럼 이 약속을 지키며 앞으로 잘 지낼 수 있길 바랄게요. 이 대화모임은 닫을게요. 마지막으로 한마디씩 하고 마칠까요?

마지막 소감 나누기와 마무리

이렇게 관계회복 대화모임을 마무리한다.

<과정적인 요소 : 대화 패턴>

　갈등에 놓인 당사자들은 상대방의 이야기를 들으려 하기보다 자신을 방어하는 데 집중해있기 때문에 상대방의 이야기가 귀에 잘 들어오지 않는다. 이 대화 패턴은 자기방어가 있기는 하지만 상대방의 이야기를 자기 입으로 반복해서 이야기함으로 듣고 싶지 않던 상대방의 상황을 곱씹어보게 하는 효과를 가져온다. 진행자는 경청을 돕는 연결자이다. 진행자가 자신의 판단과 생각을 이야기하거나 필요 이상으로 개입해 마음을 정리해서 전달해 줄 필요는 없다. 연결자로서 진행자의 역할은 대화 패턴이라는 큰 기둥이 흔들리지 않도록 든든하게 버티

RC 대화 과정

질문: "지난번 일로 당신이 지금 어떠한지,
누가 무엇을 알아주기를 바라시나요(원하시나요)?"

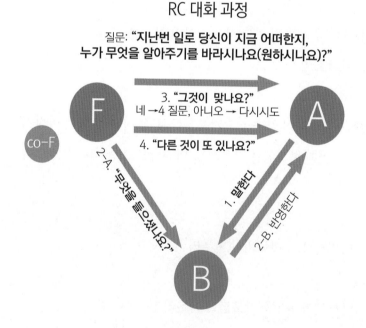

며 순서를 잘 짚어주고 행간의 지문처럼 대화 내용이 잘 전달되었는지 확인하는 것이다. 대화 당사자들이 충분히 이야기할 수 있도록 맥락에 따라 대화의 기회를 살펴주는 것이 중요한 진행자의 몫이다.

모든 갈등은 사람의 수만큼 많은 경우의 수를 가진다. 단 하나도 같은 내용을 가진 갈등은 없다. 참가자의 성향, 관계 속 힘의 향방, 일어난 일의 강도와 지속기간, 주변 사람들의 대처, 갈등의 내용, 숨겨진 진심 등 다양한 변수가 대화모임에 영향을 미친다. 그 때문에 대화모임의 절차가 빈틈없이 매뉴얼화될 수는 없다. 진행자가 가진 내면의 직관을 실시간으로 따라가면서 '관계가 끊어지지 않도록', '잘 듣게', '충분히 표현'하도록 돕는 것만이 변함없는 매뉴얼이다.

마지막으로 관계회복대화모임에서 가장 중요한 요소가 있다. 그것은 당사자들의 '자발적 선택'이다. 진행자가 설득해서 억지로 성사된 대화의 경우, 자신의 잘못을 직면하고 싶어 하지 않는 사람들에겐 진행자의 강압적 요청 때문이었다는 도망갈 핑계를 준다. 당사자들이 '자발적'으로 대화할 마음을 내지 않는다면 아무 쓸모가 없다. 자발성만이 대화에 유기성을 부여한다. 설령 그 자발성이 상대방에게 직접 항의하려는 의도였다 해도 무방하다. 자발적인 선택이 아니면 대화의 과정과 결과 역시 허울뿐인 행정에 그칠 수밖에 없다. 자발성은 대화모임의 필요충분조건이다. 아니 어쩌면 그것들은 서로에게 전제이면서 결실일 수도 있다. 물론 관계회복 대화모임이 모든 갈등상황에 만능열쇠인 것은 아니다. 그것은 다만 숨은 자발성을 발견해 증폭시키는 지렛대임을 명심하자. 자발성은 대화모임의 신뢰에서 움트고 대화모임의 신뢰는 자발성의 바탕에서 이루어진다. 이 선순환은 조건부로 성립되는 것이 아니다. 어느 것도 선후가 없음을 깨닫는 순간 비로소 이야기는 시작된다. 그 시작이 바로 우리의 숙제다.

<부록>

평화의 풍경 [6]
-공동체 구축을 위한 안전한 공간 창조하기

들어가기

평화는 전 지구적 이슈로서 개인의 내밀한 심리/정서적 이슈, 나아가 영적인 문제에 이르기까지 다양한 층위에서 언급된다. 매우 폭넓은 적용 범위 때문에 무엇이 평화인지를 정의하는 것부터 난관에 부딪힌다. 모든 것이 평화논의의 대상이 되기도 하고, 평화라는 단어는 어떤 것도 정의하지 못할 수도 있다. 그래서인지 미시적인 경험을 손에 쥐여주지 않으면 평화는 신기루처럼 사라져 버린다. 필연적으로 개인의 경험과 더불어 그것을 둘러싼 시스템, 관습, 문화로 이야기를 확장해 가야 한다. 나 역시 오래도록 평화를 더듬었다. 대학 시절 불의를 규탄하다가 사람이 다치는 것을 목격했고, 2008년 광우병 소고기와 4대강 사업, 용산참사 등 정치적 이슈에 분노해 촛불을 들며 거리를 쏘다니기도 했고, 종교 교단의 청년으로서 교단 정치에 발을 담그고 알력 싸움에 새우 등 터지면서 계속 평화를 찾았다. 이후 유행처럼 번진 대안공동체도 찾아다니고 여성주의 활동에도 관여했지만, 여전히 헛바퀴가 도는 것처럼 어색했다. 그 와중에 만난 것이 서클-평화교육분야였다. 언제 날아 들어올지 모르는 비판의 칼날이 난무하던 현장과는 달리 대화-서클에서는 오롯이 자신에게 집중할 수 있었다. 내면의 혼란이 걷히면 걷힐수록 다른 사람들이 눈에 들어왔고 주변을 둘러싼 문제들의 본질이 모습을 드러냈다. 대화-서클을 경험하면서 오래된 갈증이 해소되었다.

평화는 '목적으로서의 평화'와 '과정으로서의 평화' 두 개의 바퀴에 의지해 굴러가는 수레와 같다. 어느 하나라도 없다면 수레는 온전히 굴러가기 힘들다. 허나 '목적으로서의 평화' 이슈는 이미 우리 주변에 넘쳐난다. 반면 '과정으로서의 평화'는 가시화되지 않아서 다소 소홀해지기 쉽다. 그도 그럴 것이 '과정으로서의 평화'는 존재와 존재와의 '관계성'에 숨어있기 때문이다. 비가시적이고 측정 불가능하고 끊임없이 변화하는 관계성은 실체 없이 실재한다. 나는 서클이 이 '과정으로서의 평화'를 구체화한 결과며, 평화가 풍경으로 물러나 중심(목적)이 가능하도록 만드는 수레바퀴의 숙이라고 생각한다. 평화를 풍경으로 만든다고 함은 평화를 굳이 의식하지 않아도 되는 자연스럽고 당연한 일상의 상태로 만드는 것을 뜻한다.

우리는 누구나 공동체에 속해 있다. 공동체란 둘 혹은 그 이상의 관계로, 혈연관계가 되기도 하며, 특정한 목적을 가진 모임이기도 하다. 공동체는 당연히 둘 이상의 관계성으로 유지된다. 평화의 수레바퀴처럼 말이다. 그러나 이런 상호성에도 불구하고 공동체를 구축하는 과정에서 '목적으로서의 평화'만 논의의 중심자리를 차지할 뿐 '과정으로서의 평화'는 주변부로 밀려나 있다. '안전한 공간'은 개인의 정서적, 심리적, 신체적 '경계'를 존중하고 배려를 할 수 있는 구조적, 문화적인 공간과 시간 그리고 태도를 총칭하는 말로서 '과정으로서의 평화'의 핵심적인 논의 주제이다. 다소 중요성을 알아차리지 못했거나 개인 성향과 선택의 몫으로만 남겨놓았던 '과정으로서의 평화'를 어떻게 구체화할 수 있을지 대화와 서클이라는 렌즈를 통해 보려고 한다.

1. 안전한 공간을 구축하는 비가시적/가시적 요소

공동체 구축에서 안전함을 만드는 기본 출발점은 '힘을 균등하게 만들기'와 '경청하기'이다. 서클은 권력-힘-power에 대한 민감성을 가지고 있다. 힘이 일방적으로 흐르거나 구성원 중 누군가의 입을 막는다면 안전한 공간은 만들어지지 않는다. 서클은 억압적 힘이 아닌 상호협력적 힘을 사용하도록 장치를 만든다. 이러한 장치를 통해 '경청'의 길이 마련된다. 상호적인 공동체가 되기 위해서는 '말하는 소통'에서 '듣는 소통'으로의 전환이 필요하다. 듣지 못하게 만드는 심리적, 사회적, 문화적 기제들을 자연스럽게 내려놓을 때 관계의 질적인 변화가 일어난다. 힘에 대한 민감성과 듣는 소통은 안전한 공간을 구축하는

데 필수적이며 이에 기반해 구성원들의 심리적-정서적 경계를 존중할
수 있다.

1) 환대

집에 손님이 방문한다. 손님의 방문으로 집의 주인이 바뀌는 것은
아니다. 손님은 언젠가 집을 떠난다. 집주인은 손님을 환대할 수 있다.
한시적으로 주인은 자신의 자세를 낮추며 상대방의 경험을 호기심으
로 듣게 된다. 손님의 경험을 통해 간접적으로 세상에 대한 이해를 넓
힌다. 환대의 과정이 자신이 중요하게 지키고자 하는 가치와 충돌하
지 않는다. 간혹 다소 선을 넘는 상대방의 행위라도 주인은 그대로 허
용해 준다. 이런 환대의 속성이 서클에서도 일어난다. 환대에는 일정
한 거리감이 전제되어 있다. 그리고 구성원들 간의 적절한 거리감을 알
아차리고 주인의 관점에서 손님을 대하는 태도로 다른 구성원들을 대
한다. 공통점을 발견하는 일은 연결되어 있음을 확인하고 차이점은 호
기심을 가지고 자신의 세상을 넓히는 데 사용된다. 환대의 영역에서는
'다름'이 충돌하지 않는다. 주인의 태도를 가진 사람과 손님의 태도를
가진 사람으로 나뉘게 되는데 주로 서클의 신행자가 수인의 자세를 가
지게 된다. 차이와 다양성을 옳고 그름으로 주장하지 않은 채 있는 그
대로의 나로 있어도 문제가 되지 않는 상태가 환대의 중요한 속성이
다.

2) 원형으로 앉기

안전한 공간을 만드는 중요한 공간적 배치는 시선을 평등하게 만들기이다. 시선은 권력과 아주 밀접한 관련이 있다. 회사 관리자나 간수들은 '감시'하기 좋은 자리를 선점하고 교실 내 선생님 교탁, 종교인들의 제단, 정치인들의 대표 자리는 하나같이 권력을 드러내기 위해 높고 시선이 집중되는 곳에 자리한다. 시선의 높이, 일정한 방향성, 시선의 가동성 등은 권력과 연결된다. 서클에서는 힘을 원형으로 배분한다. 원형의 공간에서는 중심과 주변의 격차가 없고, 시선이 방향성이나 높낮이를 갖지 않는다. 말하는 사람과 듣는 사람 간의 격차를 일으키지도 않는다. 자연스럽게 말을 잘하는 사람에게 집중하거나 누군가를 소외시키는 방식으로 배치를 하지 않는다. 원형으로 앉는 것 자체가 힘의 불균형을 해소하고 평등한 소통의 가능성을 높인다.

3) 토킹스틱(이야기 막대기)

토킹스틱은 간단한 규칙을 가진다. 가진 사람은 이야기할 기회를 얻고, 가지고 있지 않은 사람은 조용히 잘 듣는다. 이야기하는 도중 토킹스틱을 가진 사람은 충분히 이야기가 끝났으면 옆의 사람에게 넘겨준다. 토킹스틱으로 인해 말할 기회를 쟁취하기 위해 경쟁적으로 되거나 내가 하고 싶은 말을 고민하느라 다른 사람의 이야기를 놓치는 일이 없다. 언젠가는 '반드시' 오는 내 순서를 기다리기만 하면 된다. 그리고 결정권을 가진 누군가가 내 발언권을 뺏어갈 것을 염려하지 않아도 된다. 그러면 자연스럽게 구성원들은 '들을 수 있는 상태'가 된다. 듣는 사람이 많아질수록 평화는 구체적으로 되어 간다.

4) 센터피스

센터피스는 서클의 원형 중심에 놓는 아름다운 장식물들을 말한다. 이 장식물들은 원의 중심을 잡아주며 모두에게 같은 거리에 놓여 있다. 센터피스는 참가자들에게 책상(가림막, 심리적 방어기제)이 없는 개방된 상태에 놓였을 때의 어색함을 상쇄하고 아름다움의 욕구를 충족시켜 서클에 참여했을 때 따뜻한 분위기를 만들어 준다. 이런 분위기를 부드럽게 만드는 역할 외에 상징적인 역할도 한다. 센터피스는 서클에서 나오는 말들을 담아내는 바구니와 같다. 이 바구니는 내가 하는 말을 건너편의 상대방에게 곧바로 전달하지 않고 센터피스(원의 중심)에 내려놓는 이미지를 형상화한다. 바구니에 담긴 말은 상대방이 가져갈지 말지 '선택'할 수 있게 된다. 내려놓는 말들이 아름답고 긍정적인 말들일 수도 있고 다소 거칠고 비난과 원망이 섞인 말일 수도 있다. 하지만 그것은 어디까지나 말하는 사람의 '자기표현'으로서만 원의 중간에 놓이고 그것을 가져갈지 밀지는 듣는 사람의 몫이 된다. 상대방이 선택하지 않는 것도 허용되며 상대방이 듣는 것(가져가는 것) 자체도 '자기선택'이 된다. 자발적인 선택은 자발적 책임을 진다. 상징적인 센터피스는 자기선택의 선순환을 만들어낸다.

5) 침묵을 허용하기

침묵은 안전한 공간을 만드는 데 매우 중요한 손님이다. 서클에서 가끔은 말들이 넘쳐날 때가 있다. 말이 넘치면 반대로 감정이 흐르는 길이 끊긴다. 침묵은 잠시 외면했던 감정이 흘러가는 방향을 인지할 수 있도록 해주며, 내면에서 일어나는 진실에 귀를 기울이게 하는 중요한 시간이다. 아무것도 말하지 않음으로 가장 중요한 말의 의미를 찾을 수 있도록 돕는다.

6) 창조적인 이름/호칭 사용하기

한국사회의 특성상 호칭과 존댓말은 권력(힘)이 표현되는 아주 중요한 수단이다. 나이나 특정 경험이나 국적, 사회적으로 문화 권력을 가지게 되는 직함 등은 서클 내 힘의 불균형을 가져온다. 존댓말과 반말은 하는 사람과 받는 사람 간의 관계를 암시한다. 아이들은 어른에게 당연하듯 존댓말을 써야 하는 것이나 지위가 낮은 사람은 높은 사람에게 반말을 쓸 수 없는 것은 묻지도 따지지도 않고 힘의 역학관계를 승인해주는 것과 같다. 서클에서는 안전한 공간을 위해 창조적인 이름을 사용하거나 호칭을 사용해 '역할'이 아닌 '존재'로 있을 수 있게 하며, 모두가 존댓말을 사용함으로 존중을 표현한다.

7) 재미와 유머

재미와 유머는 안전한 공간을 만드는 데 중요하다. 아무리 좋은 의미를 담은 공간이어도 딱딱하다면 생명력을 가지기 힘들다. 몸과 마음이 부드럽게 열리려면 재미있는 놀이와 유머가 필수적이다. 재미라는 욕구를 채워주면 자연스럽게 평화의 꽃이 핀다. 나와 다른 사람을 만났을 때 자연스럽게 몸에 밴 무의식적 습관은 의심과 방어이다. 인류 진화의 역사에서 확인되지 않은 것들은 죽음과 직결되기 때문에 낯선 것에 대한 긴장과 어색함, 방어기제는 생존 기제로 몸에 배어있다. 그래서 다양하고 낯선 사람들이 만나는 서클에서 다름이 주는 긴장이 높을수록 놀이와 재미있는 활동은 긴장과 방어기제를 내려놓도록 하는 데 아주 중요한 역할을 한다.

8) 동의한 규칙으로 경계 보호하기

서클에서는 동의한 약속을 중심에 놓는다. 약속은 아주 간단하다. 상대방의 말을 끝까지 경청하기, 비밀 지키기, 상대에 대한 비난과 비판보다는 자신의 필요로 이야기하기 등이다. 서클의 안전함을 훼손시키는 사람이 있을 때 약속은 그 사람에 비난이 아니라 약속의 숭요성을 환기하는 것으로 서클의 안전함을 보호하는 기능을 한다. 약속은 기본적으로 서로의 심리적, 정서적 경계를 무례하게 침범하지 않도록 기준점을 마련해준다. 그렇게 경계를 존중받게 되면 자기 중력을 형성하게 되고 그 중력을 가지고 다른 사람과 연결될 수 있다. 경계에 대한 인식은 곧 연결에 대한 욕구로 이어진다.

그 외에 안전함을 창조하기 위해 진행자가 의도적으로 집중하는 관점이 몇 가지 있다. 공동체 내 문제행동을 다룰 때 존재와 행동을 분리해 다룸으로 수치심으로부터 사람들을 보호하기, 차이보다는 공통점을 강화해 공감대를 형성하기, 과거에 대한 추궁이나 원인 규명보다는 미래의 해결책에 집중하게 하여 구성원들을 비판자가 아니라 돕는 자로 참여시키기가 있다.

2. 안전한 공간이 만들어내는 평화의 효과

1) 자발성과 존중

안전한 공간에서 경계에 대한 존중은 자발적 선택으로 이어진다. 자발적 선택은 자발적인 책임을 지게 하고 공동체 내 소속감에 대한 만족감으로 이어진다. 이런 공간에서 누군가의 부탁이나 압력에 의해 비자발적인 대우를 받는 것이 익숙한 사람들은 폭력의 기제를 무의식적으로 끌어들여 자신을 압박해줄 또 다른 지배자를 찾아 나서는 안타까운 일들이 일어나기도 한다. 하지만 자발적이지 않은 선택은 항상 책임회피로 이어지기 때문에 경계를 넘어선 지시나 부탁은 하지 않는다.

2) 대화에 대한 신뢰

서클에서 대화를 하면 할수록 충분한 자기표현만으로도 공동체의 소속감을 느끼게 되고, 상대에 대한 호기심과 내가 상대방을 알지 못한다는 자기인식이 높아진다. 다름이 발견될 때 대화로 해결했던 성공의 경험이 쌓일수록 갈등을 대면해서 폭력적인 방식보다는 평화적인 대화를 선택할 가능성이 커진다. 대화에 대한 작은 성공의 경험을 반복적으로 쌓아주며 신뢰로 관계를 이어간다.

3) 힘의 분배

이는 앞서 말한 다양한 방식으로 가능한데, 평화는 힘의 완벽한 균형상태로 만드는 것을 목표로 하지 않는다. 그보다는 오히려 언제라도 누구에게라도 힘이 흐를 수 있는 상태가 되는 것이 더 중요하다. 균형 잡힌 상호관계란 있을 수 없다는 레비나스의 말은 이상론에 대한 비관이 아니라 현실에 대한 적확한 판단으로 봐야 한다. 평화 역시 이상적인 고정된 상태가 아니라 언제라도 유연하게 흐를 수 있는 '상태와 가능성'으로 봐야 한다. 결과적으로 힘의 분배는 모든 사람이 주인의 자리로 나오게 만든다. 노예의 습관을 벗어나도록 연습시킨다.

4) 자기집중(성찰)

안전한 공간이 가져오는 중요한 효과 중 하나는 솔직히 자기인식을 하게 만드는 자기집중과 성찰의 공간을 열어준다는 데 있다. 삐뚤어진 자기애를 가진 사람은 자신의 행복에서 만족감을 찾기보다는 다른 사람의 불행에서 행복을 찾으려 한다. "나쁜 사람의 가장 중요한 악덕은 바로 그가 자기 자신보다 남들에게 더 몰두한다는 점이다."(『폭력이란 무엇인가』, 137p)라고 말한 지젝의 통찰은 매우 날카롭다. 객관과 외부, 사실에 집착하던 상태에서 벗어나 주관과 내면, 진실에 집중할 수 있게 한다. 성찰 능력은 끊임없이 나를 공격하고 있는 주변의 자극에 반응하기를 멈추고 자극에 대한 방어기제를 내려놓았을 때 극대화된다.

5) 타자화 기제 내려놓기

안전한 공간에서는 자기편을 만들어 불안을 잠재우려고 노력하지 않아도 된다. 불안을 상대방에게 투영할 필요가 없다면 적이나 타자, 희생양을 만들지 않게 된다. 때로 친밀함이나 인간적인 매력으로 편을 만들어 자신의 정당성을 증명하려는 시도 또한 있다. 하지만 중요한 것은 서클에서는 편을 만들어 비공식적인 정보가 흐르게 하지 않는 것, 그 정보가 그림자 속에서 힘을 얻게 하지 않도록 하는 데 있다. 서클의 허용적인 태도, 자기집중의 힘은 타자화의 기제를 쓰지 않아도 된다는 메시지를 끊임없이 보낸다.

나오기

"혐오는 환상을 먹고 자라므로, 일상을 공유하는 것이야말로 이를 없앨 수 있는 가장 좋은 방법이다." 『타인에 대한 연민』, p.164

공동체를 구축하는 과정에서 적, 혐오, 두려움, 분노, 보복을 생각하지 않아도 되는 관계를 만드는 것이 안전한 공간을 형성하는 핵심이다. 그것은 각자의 이야기를 공유하고, 일상을 공유하는 소소한 대화에서 시작한다. 적대적인 상대방에 대한 환상이 제거되고 인간성을 발견하게 만들거나, 나와 다르므로 상관없다고 생각했던 존재에게서 자신을 발견하게 만드는 것은 서클의 핵심이며, 그 과정에서 성찰과 연결이 일어난다. 안전한 대화서클 안에서는 말을 하는 것에서 듣는 상태로 구조화함으로 내면의 목소리를 듣고, 상대방에게서 확장된 나를 경험하도록 한다. 서클은 평화와 같아서 도달해야 할 목표지점이나 완성된 상태를 이야기하는 것이 아니다. 바다 위 부표를 띄우는 것처럼 일상은 끊임없이 흔들리면서도 놓지 말아야 할 중심을 계속 인지하는 태도를 말한다. 평화는 드러난 것과 드러나지 않은 모든 것의 과정 그 자체이며 배경으로 물러났을 때 가장 빛을 발한다.

인용

『타인에 대한 연민』, 마사 누스바움, 임현경 옮김, RHK, 2020

『폭력이란 무엇인가』, 슬라보예 지젝, 이현우·김희진·정일권 옮김, 난
　장이, 2011

"잘못했는데 왜 벌을 받아요?"

"잘못했는데 왜 벌을 받아야 하죠?"

이 질문은 잘못하면 벌을 받는 것이 '자연'스러운 의식의 흐름에 날을 세운다. 당연하게 여겼던 처벌이 사실은 폭력의 뿌리가 되기도 하고, 폭력적 구조를 강화하는 데 아주 큰 영향을 끼친 것을 직시해야 한다. 아이들에게 필요한 세상은 잘못의 대가가 꼭 벌이어야 하는가를 되묻는 세상이다. 당연한 것이 당연하지 않도록 만드는 흐름을 따라 새로운 질문을 만들어야 한다. 그 질문은 우리를 평화로운 일상이 정상인 세상으로 이끌어 준다.

냉소적인 의심이 많았던 내게 따뜻한 환대가 당연한 세상이라 말해준 것이 서클이었다. 서클에서는 긴장하거나 의심할 필요가 없었다. 내 말을 자르거나 무례하게 굴지도 않았다. 그냥 환대하는 마음으로 받아들이고, 기다려주고, 판단 없이 이야기를 들어주었다. 원의 중심에 놓인 따뜻한 불을 둘러앉아 쬐면서 내 몸은 점점 부드럽게 움직이기 시작했다. 그리고 그 따뜻함을 더 나누고자 평화교육진행자라는 이름으로 아이들을 만나게 되었다.

아이들은 하나의 말에 하나의 의미만 담았다. 숨김없이 속내를 보였으며, 나를 존재로 수용해주었다. 아이들과 함께 보낸 시간이 쌓일수록 아이들이 하고자 하는 말이 더 잘 들리게 되었고, 어른들에게 가 닿지 않고 바닥에 떨어지는 말들도 볼 수 있게 되었다. 서로 다른 언어로 이야기하고 있는 듯한 착각도 들었다. 투명한 막을 하나에 두고 아이들은 처절하게 절규하지만, 그 막을 뚫진 못한다. 반짝이던 진심들이 땅에 떨어져 빛을 잃으면 아이들의 영혼도 조금씩 어두워진다. 땅에 떨어져 빛을 잃어가는 별들을 다시 주워 담아보려 애썼다.

그래서 학술적이고 읽기 딱딱하거나 모든 문장마다 엄격하게 주석을 달아야 하는 글보다는 가능한 직접 경험했던 사례를 각색해서 실었으며, 비유와 이야기로 풀어보려고 했다. 하지만 결국 본래의 진지함은 버릴 수 없어 듣기에 다소 아플 수 있는 말들도 실렸다. 이 글들이 무엇이 잘못되었는지를 찔러대는 검이 아니라 성찰을 위한 거울이 되길 바라고, 아이들의 마음이 전달되어 조금이라도 더 행복해졌으면 하는 마음에 쓴다. 그리고 어른들은 학교폭력의 제삼자가 아니라 당사자이기도 하다는 점을 말하며, 우리가 실수하는 것을 기꺼이 허용하면서 아이들을 도울 수 있기를 바란다.

이 지면을 빌려 감사를 전한다. 변함없는 모습으로 내 일상을 지켜준 내 짝꿍과 동물 가족들, 나를 평화의 현장으로 이끌어주고 지지해준 어른 동료들, 그리고 나의 실수를 너그럽게 참아주어 내가 성장할 수 있도록 견뎌준 어린 스승들께 깊은 감사를 전한다. 이 책이 한 사람에게라도 평화의 길에 들어서도록 돕는다면 그것만으로도 충분하다.

오늘도, 내일도 평화다!

다행히도
어른들은 완벽해지지 않아도 된다.
노력하는 그 모습만으로도
아이들은 더 넓은 품을 내어주고
말간 미소로 응답한다.
아이들의 유연한 마음 덕에
우리는 실수하더라도
괜.찮.다.

용어 참고

회복적 정의

회복적 정의는 평화운동의 기반이 되는 철학으로 처벌로 정의가 세워질 수 있다는 응보적 정의가 아닌 개인과 공동체가 함께 피해를 회복하고 끊어진 관계를 연결함으로 정의를 세우려는 패러다임이다. 국내에서는 회복적 정의가 교육적 영역에서는 회복적 생활교육으로, 사법적 영역에서는 회복적 사법, 회복적 경찰활동으로 이어지고 있으며, 가정과 지역공동체의 일상영역으로도 확대되고 있다.

회복적 서클

회복적 서클은 공동체의 갈등전환 대화모델 중 하나로 도미니크 바터라는 활동가가 만든 대화 모델이다. 비폭력 대화의 요소를 바탕으로 폭력과 분열이 가득한 곳에서도 대화를 통한 연결을 이뤄내려는 그의 시도로 만들어졌다. 현재도 세계를 돌아다니며 학교와 공공기관, 경찰과도 대화를 통한 사회변혁을 위해 활동하고 있다. 본 모델은 한국에는 2011년에 소개되었으며, 현재 본 모델을 중요하게 가져가고 있는 단체는 비폭력평화물결외에 다양한 단체들이 있다. 이 단체들에 대한 정보는 다음 블로그에 가면 볼 수 있으며, 단체별로 진행자 훈련과정을 열고 있다. 현재 회복적 서클 모델은 학교, 가정, 지역사회 등 다양한 영역에서 대화 모델로 사용하고 있으며 훈련받은 진행자는 전국적으로 200여 명 정도가 있다.

평화놀이

평화놀이는 본 저자가 HIPP(청소년평화지킴이) 훈련 모델과 서클타임(영국중심의 관계형성교육모델)을 결합해 현장에 맞춰 만든 관계 형성 프로그램이다. 충북 지역에 내려오면서 현장의 이해와 만날 수 있는 용어를 고민하다 '평화놀이'라고 짓게 되었다. 공동체의 관계구축 및 학교폭력예방 프로그램으로 친밀한 관계구축이나 의사소통, 다양성 이해, 협력과 같은 주제의 활동과 놀이로 구성되어 있다.

관계회복 대화모임

'관계회복 대화모임'은 충북 음성에 있는 평화제작소에서 학교폭력을 시민사회단체에서 접근하기 위한 갈등대화 모임을 지칭한다. 일상의 갈등이 일어났을 때 당사자들의 대화를 통해 갈등을 전환, 해소하는 대화모임으로 도미닉 바터가 고안한 '회복적 서클(Restorative Circles)'이라는 모델에 기반해 있다.

그리고 이 모델의 기반이 되는 철학은 자발성과 자율성, 접근성이다. 갈등 당사자들이 자발성에 기반해 대화에 나올 수 있도록 하며, 스스로 대화할 힘을 끌어내기 위해 진행자가 도움을 주지만, 결국 갈등 전환을 이루는 것은 당사자들의 지혜에 있음을 신뢰하고 나간다. 마지막은 누구든 이 대화모임에 참여할 수 있고, 누구든 진행자로 이바지할 수 있다는 접근성에 있다. 전문성의 영역은 자원을 한정시켜서 권위를 부여하고 문화 자본의 문을 닫아 자본이 다시 집중하게 만드는 시스템이다. 자신의 문제해결능력을 신뢰하고 공동체 내의 갈등을 창조적으로 전환할 수 있는 대화모임이다.

회복적 경찰활동

회복적 경찰활동은 피해자에 대한 2차 피해와 근본적인 해결을 위해 전국 200여 개 경찰서에서 시행되는 제도이다. 현재 국내에서는 회복적 정의에 기반한 대화진행 모델을 가진 대표적인 단체가 중심이 되어 훈련진행자를 대화모임 전문가로 위촉하고 있다. 단체로는 비폭력평화물결, 갈등해결과대화, 한국NVC센터, 한국회복적정의대화협회, 좋은교사운동이 있다. 가족이나 친구, 동네 주민처럼 관계회복이 필요하거나 재발 방지가 중요한 사안이면 대화하도록 제안한다. 층간소음, 학교폭력, 가족갈등, 주민간 절도나 폭행 등 다양한 주제로 대화를 요청해 오는데, 대화 참여자는 높은 만족도를 보인다.

평화제작소를 소개합니다.
-일상을 이어주는 풍경으로서의 평화공동체 구축하기

평화제작소는 2019년에 충북 음성에 있는 예쁜 팔각정 건물에 둥지를 틀었다. 충북 지역에서 회복적 정의에 기반한 평화훈련모델들을 잘 알리고 존중과 배려가 일상이 되는 공동체(가정, 학교, 지역, 단체)를 만드는 것을 목표로 마음 맞는 동료 몇 명이 뜻을 모아 갑자기 만들어버렸다. 처음 시작하고 난 후 무슨 일을 할까 고민하다가 가장 먼저 평화활동가 진행자 양성과정을 시작했다. 반년 정도 열심히 워크숍을 열었다. 사람들이 조금씩 평화제작소를 알기 시작했고, 새로운 기반을 차곡차곡 쌓아가고 있었다. 그렇게 새로운 시작을 준비하던 중 2020년 코로나가 덮쳤다. 그렇게 2년간은 대면 모임을 하지 못했다. 기획했던 워크숍은 기약 없이 뒤로 밀렸고, 그렇게 1년간은 공간을 유지하며 열심히 세월을 보냈다. 막막한 그 와중에도 새로운 기회들은 찾아왔다. 학교에서는 학급갈등으로 깨어진 관계를 회복하기 위해 평화놀이나 관계회복대화모임을 요청해 왔다. 지역에서는 디지털 취약계층을 위한 교육과 지역민을 위한 문화예술교육프로그램도 운영했다. 서서히 충북 지역에 회복적 생활교육과 관계회복대화모임이 알려지기 시작했고 청주 YMCA와 협력하여 평화교육활동가도 양성했으며, 현재는 음성교육지원청과도 관계를 맺고 평화로운 학교문화를 만들기 위해 노력하고 있다. 그리고 지역초등학교 아이들이 체험할 수 있는 마을 학교와 청소년 프로그램도 운영하고 있다.

현재 존중과 평화의 공동체를 구축하기 위해 운영하는 프로그램은 예방프로그램의 일환인 1) 친밀한 관계 형성을 위한 평화놀이 2) 학교폭력 싹둑 프로젝트 '관계회복대화모임' 3) 회복적 경찰활동 전문위원 활동 4) 갈등 관련 상담 및 교육 5) 평화활동가 양성과정(비폭력공감대화, 회복적 서클, 평화놀이) 6) 회복적 생활교육 교사연수, 마을학교 교사연수 등이 있다. 그리고 서클의 철학과 방법을 적용해 운영하는 교육/문화 프로그램으로는 1) 아동, 청소년을 위한 마을 학교와 방과후 대안학교 프로그램 2) 어른들을 위한 문화예술교육프로그램 3) 자발적 소모임(태극권, 평화독서 낭독모임) 등이 있다.

평화제작소는 나와 동료들이 만들고 싶었던 공동체를 실험해 보는 곳이다. 평화를 일상적 풍경으로 만들기 위해 다소 쩨쩨하고 소소한 것들을 암묵적인 약속으로 만들었다. 스스로를 긴장시킬 수 있기에 모든 목록을 말로 확정하지는 않았지만, 보이지 않는 선이 우리 사이에 그어져 있다. 선이 보이지 않아 선을 넘는 사람들은 침묵으로 수용하고, 그것을 알아차린 사람들은 선을 존중한다. 공동체 내의 관계가 느슨해서 모든 경계가 허물어진 상태도 아니고, 너무 견고해서 다가가지 못하는 경계도 아니어야 한다. 딱 무릎 높이의 담을 쌓아 자신을 보호할 수 있도록 경계를 만드는 동시에 누구라도 드나들 수 있도록 하고 있다. 다음은 평화로운 공동체를 만들기 위한 구체적인 실험목록이다.

☐ 조직을 유지하기 위한 행정적 노력은 최소화하고 평화를 만드는 일의 내용이 앞서게 하기

☐ 경계를 존중하기 위해 서로 나이나 출신, 과거 캐묻지 않기(스스로 말한다면 ok)

☐ 말할 기회를 동등하게 주기

☐ 파워게임(기싸움)을 하려는 사람에게는 대응하지 않기

☐ 뒷담화를 하거나 인간적 친밀함을 강조하여 내편 네편 가르지 않기

☐ 남을 가르치시 않고 자기표현으로 말하기

☐ 기꺼이 할 수 있는 만큼 자발적으로 하고 당위를 가지고 요구하지 않기

☐ 나이와 상관없이 존댓말 쓰며 서로 '선생님'이라는 통일된 호칭 쓰기(직함이나 역할로 호칭 부여하지 않기)

□ 서로의 이야기는 비밀로 지키기, 제삼자에게 퍼뜨리지 않기
□ 모든 행사에는 아이 돌봄 시스템 제공하기

평화제작소에서 서로의 경계를 침범하지 않으면서 존중하기 위해 조심스럽게 말하고 행동한다. 그러다 보니 평화제작소 내에서는 끈끈하고 내밀한 관계가 생기거나 자극적인 재미는 없다. 다소 심심하고 느슨한 관계를 유지하고 지역사회의 평화를 위해 이바지할 일이 생겼을 땐 기꺼이 서로 손을 내밀어 돕는다. 구령에 맞춰 함께 발걸음을 떼야 한다는 당위를 앞세우지 않는다. 빨리 가는 사람이 있다면 빨리 가도록 서로 배경이 되어 주고 느린 사람이 있다면 느리게 오도록 잠시 기다려준다. 각자의 속도와 방향으로 떠다니다가 모이고 또 헤어진다. 떨어져 있음에서 오는 불안을 관계를 밀착하는 것으로 해소하려 하지 않는다. 평화제작소에서 힘을 사용하는 순간은 단 하나, 이런 풍경이 무너지려 할 때뿐이다. 우리가 만들어갈 평화의 풍경을 계속 그려내고 상상하지 못하는 이들에게 직접 그림을 보여주며 그렇게 햇수로 4살이 되었다.

다음은 평화제작소를 소개하는 글이기도 하면서 지향점이 되기도 하는 글이다.

평화의 온도
- 이 규 담

평화의 온도는 얼마나 될까요.

모든 숨 탄 것들과 뭇 생명의 온기.

그것을 떠올리는 당신과 나의 체온하고 비슷하지요.

사랑과 행복이 그러하듯.

평화는 모양이 없어 그것이 무엇인지 단언할 수 없습니다.

하지만 우리는 무엇이 평화인지,

그리고

아닌지는 고를 수 있죠.

내 몸의 미열과 냉기를 가만히 짚어보고는

우리는 우리에게서 평화가 아닌 것을 구별합니다.

우리는 '하는 말'보다 '하지 않는 말'을 연습합니다.

남에게 가하는 것들

-평가와 판단, 시기나 외면, 혐오, 비하, 차별, 분노, 거짓, 폭력 같은-

말을 입에 담지 않고자 합니다.

'하지 않는 말'을 연습해보면 대신 '하고 싶은 말'이 생기죠.

자기, 자신의 얘기

-남들이 아닌, 내게 익숙하고 내가 가장 잘 아는, 내 느낌, 내 생각, 혹은

기분 같은 것-

그 낱낱의 마음을 잇되 서로 포개지 않고,

만나되 뒤덮지 않게 우리는 마주하고 있습니다.

이때 꺼낸 이야기가 평화인지 아닌지,

만져보려면

언제고 놀러 오세요.

길 건너 이름이 '무지개'인 아파트를 창밖으로 내다보는 팔각형

건물,

아래층엔 '정원'이라 불리는 식당을 깔고 앉은 2층 자리에 모여,

우리는 각자, 낱개의 평화를 만들어 보고 있습니다.

〈참고서적〉

『가르칠 수 있는 용기』. 파커 J. 파머, 이종인·이은정 옮김. 한문화, 2005.

『감시와 처벌』, 미셸 푸코, 오생근 옮김, 나남, 2003.

『공간의 미래』, 유현준, 을유문화사, 2021.

『공감제로』, 사이먼 배런코언, 홍승효 옮김, 사이언스북스, 2013.

『교실갈등, 대화로 풀다』, 김훈태, 교육공동체벗, 2017.

『길들여지는 아이들』, 크리스 메르코글리아노, 오필선 옮김, 민들레,
　　　2014.

『나무수업』, 페터 볼레벤, 장혜경 옮김, 위즈덤하우스, 2016.

『나와 너』, 마르틴 부버, 김천배 옮김, 대한기독교서회, 2000.

『다정한 것이 살아남는다』, 브라이언 헤어·버네사 우즈, 이민아 옮김,
　　　디플롯, 2021.

『대상관계이론과 실제』, N. Gregory Hamilton, 김진숙·김창대·이지연 공
　　　역, 학지사, 2007.

『문화심리학』, 한성열 외, 학지사, 2015.

『비통한 자들을 위한 정치학』, 파커 J. 파머. 김찬호 옮김, 글항아리,
　　　2012.

『비폭력대화』, 마셜 로젠버그, 캐서린 한 옮김, 한국NVC센터, 2017.

『시선은 권력이다』, 박정자, 기파랑, 2008.

『우리시대의 회복적 정의』, 하워드 제어, 손진 옮김, 대장간, 2019.

『유쾌한 혁명을 작당하는 공동체 가이드북』, 세실 앤드류스, 강정임

옮김, 한빛비즈, 2013.

『이방인, 신, 괴물』, 리처드 커니, 이지영 옮김, 개마고원, 2004.

『외상후 성장의 과학』, Stephen Joseph, 임선영·김지영 공역, 학지사, 2018.

『죽음의 부정』, 어니스트 베커, 노승영 옮김, 한빛비즈, 2019.

『차이의 정치와 정의』, 아이리스 매리언 영, 김도균·조국 공역, 모티브 북, 2017.

『처벌 뒤에 남는 것들』, 임수희, 오월의 봄, 2019.

『최고의 나를 만드는 공감능력』, 헬렌 리스·리즈 네포렌트, 김은지 옮김, KOREA.COM, 2019.

『타인에 대한 연민』, 마사 누스바움, 임현경 옮김, 알에이치코리아, 2020.

『트라이앵글의 심리』, 이보경, 양철북, 2018.

『폭력이란 무엇인가』, 슬라보예 지젝, 이현우·김희진·정일권 옮김, 난장이, 2008.

『편견』, 제니퍼 에버하트, 스노우폭스북스, 2020.

『학교, 서클대화가 필요해!』 손연일·심선화·장경아, 북트리, 2021.

『혐오와 수치심』, 마사너스바움, 조계원, 민음사, 2015.

『환대에 대하여』, 자크 데리다, 남수인 옮김. 동문선 현대신서177, 2004.

『회복적 생활교육을 만나다』, 박숙영, 좋은교사, 2014.

『회복적 서클 가이드 북』, 박성용, 대장간, 2018.

『회복적 정의 세상을 치유하다』, 이재영, 피스빌딩, 2020.

『회복탄력성』, 김주환, 위즈덤하우스, 2011.

미주

1 생존을 위해 이기적이고 폭력적인 선택을 한다는 근거를 자연에서 찾는다. 그러나 『다정한 것이 살아남는다』라는 책에서는 생존을 위해 이기적이고 폭력적으로 행동하는 침팬지와 협력적이고 약자를 보호하는 공동체성을 보이는 보노보의 행동양식을 비교하며 인간의 폭력성이 자연적 본능이라는 전제에 대해 의문을 제기하고 있다. 약육강식이 본성에 가깝다고 믿는 우리의 신화적인 믿음은 허구라는 점을 안내하고 있다.

2 갈등에 마주했을 때 선택하는 방식에는 크게 세 가지가 있는데, 당사자 모두가 만족스러운 결과를 가져가는 승승, 어느 한쪽이 이기고 지게 만드는 승패/패승, 그리고 두 당사자 모두가 불만족스러운 선택을 하는 것을 패패의 방식이라고 한다.

3 감춰진 커리큘럼이라는 용어는 교육학자 파커 J. 파머가 이야기했으며 우리가 표면적으로 가르치고 행동하고 말하는 것 뒤에 질문과 가르침이 '암시'하는 삶의 진실을 뜻한다. 아이들은 감춰진 커리큘럼을 더 진실된 것이라고 믿으며, 이를 기반으로 세계관을 형성해 나간다.

4 부록 설명 참조

5 4) 부록 설명 참조

6 2022년 9월 1일 전남대 인문학연구원 커뮤니티 소통론 포럼에서 발표한 글을 다듬은 것이다.